GUERRE DU GOLFE

LA SALE GUERRE PROPRE

CHRISTINE ABDELKRIM-DELANNE

GUERRE DU GOLFE

LA SALE GUERRE PROPRE

COLLECTION
« DOCUMENTS »

le cherche midi éditeur
23, rue du Cherche-Midi, 75006 Paris

REMERCIEMENTS
DE L'AUTEUR

Marie-Odile Danicher, Mathieu Montès, Patrick Julou, Yves Housson, Dan Fahey, International Action Center, Général Pierre-Marie Gallois, Ray Bristow, Michel Collon, professeur Asaf Durakovic, Hervé Desplat, Thierry et Christine Royaux, Yannick Morvan et les adhérents d'Avigolfe qui m'ont exprimé leur confiance.

Direction éditoriale : Véronique Bedin

Vous pouvez consulter notre catalogue général et l'annonce
de nos prochaines parutions sur notre site Internet :
http://www.cherche-midi.com

À Amina et Stéphane, Jawad, Aaron, Kénya,
Max et sa bande, Rachel, Lee-Ann, Nathan, Félix,
Laurie et les autres, Adia et Iassine, Ayanda, Suzanne,
Jules, tous enfants de la Paix.

«À la guerre on perd toujours quelque chose,
parfois seulement la vie...»

René FRISCH,
soldat de la guerre d'Algérie.

Introduction

«Rien n'était si beau, si leste, si brillant et si bien ordonné que les deux armées. Les trompettes, les fifres, les hautbois, les tambours, les canons formaient une harmonie telle qu'il n'y en eut jamais en enfer.»

VOLTAIRE, *Candide*, «Comment Candide se sauva d'entre les Bulgares, et ce qu'il devint.»

Le 2 août 1990, peu après minuit, l'information à la fois attendue et redoutée tombe: les troupes irakiennes ont franchi la frontière du Koweït. Le 4 août, l'occupation est achevée.

Depuis plusieurs mois, une grave crise couvait dans la région du Golfe, et la tension entre l'Irak et cette partie du monde arabe ne cessait de monter. Au cœur de la crise, les exigences de Saddam Hussein. Arrivé au pouvoir en Irak en 1979, il est alors à la tête d'une puissance régionale importante, moderne, et laïque. Malgré la nature peu démocratique de son régime, il a su se créer de solides appuis dans le monde occidental, et notamment auprès des Français qui ont apporté une aide décisive à la construction du réacteur nucléaire Osirak, détruit en 1981 par l'aviation israélienne. Du point de vue économique, l'Irak, qui est un des principaux exportateurs de pétrole du monde, dispose d'atouts considérables mais huit ans d'une guerre sanglante et stérile contre son voisin iranien ont déstabilisé son économie.

L'Irak demande le règlement de son contentieux frontalier avec le Koweït, notamment dans la région de Roumaylah, la « 19e province irakienne » selon Bagdad, mais qui est surtout un immense champ pétrolifère. S'ajoutent à cette revendication une demande de location au Koweït des îles de Warba et de Bubiyan, qui aurait facilité à Bagdad l'accès direct à la mer, ainsi que la résolution du problème de la dette irakienne accumulée auprès des pays arabes lors de la guerre contre l'Iran. Or, comme toutes les monarchies pétrolières de la région du Golfe, le Koweït se sent gravement menacé par les revendications des nations voisines plus peuplées qui jalousent leur rente pétrolière, et la négociation avec l'Irak se révèle impossible.

Saddam Hussein passe donc à l'acte, et Koweït City, sous domination irakienne, s'appelle désormais Kathima. Quelques jours plus tard, plus de 50 000 soldats de l'armée américaine et des commandos de reconnaissance, dont les Crap français [1] se déploient en Arabie saoudite, les autorités américaines interviennent immédiatement auprès des banques centrales qui accueillent les avoirs bancaires irakiens pour les faire bloquer.

Commence alors un long bras de fer entre le président américain, George Bush et Saddam Hussein. De prise d'otages en négociations avortées, l'espoir d'une solution pacifique s'éloigne chaque jour. Le 29 novembre, sous la pression des États-Unis, alors que les généraux américains Schwarzkopf et Powell, futurs maîtres d'œuvre de la guerre du Golfe, préparent la guerre, le Conseil de sécurité des Nations unies adopte par 12 voix contre une et deux abstentions, une résolution autorisant

1. Commandos de reconnaissance et d'action en profondeur.

le recours à la force contre l'Irak, et fixe à Saddam Hussein un ultimatum au 15 janvier 1991. La diplomatie américaine obtient donc un blanc-seing des Nations unies, et parvient à rassembler en quelques mois une véritable croisade de 53 nations dont 21 sur le terrain, contre le trublion du Proche-Orient. Les principales nations occidentales en font partie bien entendu, la Grande-Bretagne en tête, compte tenu de l'orientation traditionnellement pro-américaine de sa politique étrangère et de son passé colonial en Irak, ainsi que la France dont l'appui sera sans faille, malgré la démission, le 19 janvier, du ministre de la Défense, Jean-Pierre Chevènement, remplacé par Pierre Joxe, justifiée ainsi :

« (...) Je ne puis en conscience donner mon approbation à la manœuvre américaine dans laquelle la nôtre s'insère, non seulement pour des raisons de politique générale que je vous ai exposées dans ma lettre du 7 décembre dernier (...) mais pour des raisons intrinsèques au plan d'opération lui-même (...). (...) il s'agit de minimiser le montant des pertes américaines au prix, s'il le faut, de pertes extrêmement élevées du côté irakien. Il y a entre l'objectif officiellement recherché et les moyens employés une disproportion qui est le contraire même de la justice [1]. »

D'août 1990 à mai 1991, 26 000 Français dont 9 000 pour la division Daguet proprement dite, civils et militaires, seront envoyés. Mais les États-Unis parviendront aussi à convaincre et à recruter pour l'intervention, malgré quelques réticences ici ou là, la quasi-totalité des États du Moyen-Orient à l'exception de l'Autorité palestinienne, de la Jordanie, ou encore des États arabes algérien et libyen. Cette unité apparente aidera, s'il avait été nécessaire, à convaincre un peu plus les opinions publiques occidentales qu'il s'agissait effectivement d'une croisade des forces du bien contre celles de la violence et de l'oppression.

1. *Une certaine idée de la république*, Paris, Albin Michel, 1992.

La Coalition formée de 21 armées (voir annexe), et de 800 000 hommes, sous les ordres du haut commandement américain, se met en place. Le 17 janvier, l'offensive aérienne, l'opération « Bouclier du désert », est lancée, suivie le 23 février, par « Tempête du désert », l'offensive terrestre. L'objectif prioritaire est de libérer le Koweït, ce qui sera chose faite cinq jours plus tard.

Les dix années qui se sont écoulées depuis la libération du Koweït, pendant lesquelles s'est poursuivi l'interminable châtiment de l'Irak par un embargo sans faille, ont vu aussi s'effriter peu à peu les secrets les mieux gardés sur cette étrange répétition générale des conflits du troisième millénaire. Il n'est plus possible aujourd'hui d'ignorer ce qu'a dissimulé le mythe hygiénique de la « guerre propre ».

La « sale guerre propre »

La guerre du Golfe devait être « propre », c'est en ces termes qu'elle fut annoncée et présentée à l'opinion publique internationale, informée par les médias internationaux. Bon gré mal gré, les journalistes avaient dû se plier aux exigences formulées par le haut commandement américain, qui avait intégré la communication sur les opérations dans sa stratégie, et revêtir l'uniforme couleur sable des militaires. Des armes d'un type nouveau, « intelligentes », devaient donc épargner les vies humaines en opérant des « frappes chirurgicales », précises au mètre près. L'opération devait être rapide, elle le fut. Il fallait anéantir l'ennemi en subissant le moins de pertes possible, et les troupes américaines devaient rentrer saines et sauves dans leur pays. « Plus jamais de Vietnam ! » déclarait sans relâche le Président Bush au Congrès, dans les conférences de presse ou lors de réunions publiques. Les forces de la coalition internationale la plus puissante jamais déployée depuis la Seconde Guerre mondiale n'ont en effet perdu officiellement que 192 femmes et hommes dont 148 Américains.

Derrière ces chiffres, la réalité est tout autre. « Certes, en annexant le Koweït et en refusant de l'évacuer, l'Irak commettait un délit qui devait être sanctionné, écrit le général Gallois dans son livre *Le Sang du pétrole – Irak*, mais, poursuit-il, qu'un ensemble de nations s'arroge à la fois le privilège de dire le droit, de le faire respecter par une avalanche de bombes, de décider arbitrairement de poursuivre indéfiniment des sanctions imposées par la force et de juger de l'ampleur du châtiment "mérité" par l'auteur du délit, voilà qui traduit une conception excessive de ce soi-disant droit d'ingérence [1]. »

La « guerre éclair »

Le 30 octobre 1990, soit trois mois après l'invasion du Koweït par l'Irak et alors que tous les efforts diplomatiques sont tentés pour éviter le pire, les généraux américains Powell et Schwarzkopf exposent leur plan de bataille au Président des États-Unis, George Bush. Première phase, une attaque aérienne de quatre semaines, seconde phase, l'attaque terrestre face à une armée ennemie déjà mise hors de combat et privée de toute capacité de riposte organisée.

Ce plan est effectivement mis en application. C'est par le tir de cent missiles Tomahawk, tirés depuis les navires américains stationnés dans le Golfe, qu'est lancée, le 17 janvier à 3 heures du matin, la première phase de la guerre, l'opération « Bouclier du désert », la « guerre verticale ». Les premiers missiles de croisière, une heure et trente minutes avant l'heure H, sont massivement tirés sur Bagdad depuis le *San Jacinto* en mer Rouge et le *Bunker Hill* dans le Golfe à des centaines de kilomètres de leur cible. Dès les premières heures, des tonnes de bombes s'abattent sur l'Irak : 90 % de la production électrique irakienne, quatre des sept principales stations de pompage de l'eau et 31 stations

1. Général Pierre-Marie Gallois, *Le Sang du pétrole – Irak*, Paris, L'Âge d'homme, 1996.

d'épuration sont détruites. Les sites et installations pétroliers sont touchés ainsi que les silos de céréales et les entrepôts de denrées alimentaires. Mais sont aussi atteintes de nombreuses cibles civiles, maisons, fermes, marchés, abris anti-bombes pour les populations, mosquées et églises, écoles et hôpitaux, centres de communication, digues, canaux d'irrigation, ponts, routes et même cimetières. Sans se préoccuper des effets de leur destruction, les forces aériennes de la Coalition bombardent aveuglément les sites militaires de production d'agents chimiques et biologiques, les centrales et centres de recherches nucléaires, les usines de fabrication d'armement, les complexes pétrochimiques et autres sites industriels avec leurs stocks de produits hautement toxiques.

La destruction des sites civils, en violation des conventions internationales, avait été mûrement réfléchie. En effet, en octobre 1990, l'Institut de Washington pour le Moyen-Orient publiait un article intitulé « Quelle est la fragilité de l'économie irakienne ? ». Il s'agissait de définir la meilleure stratégie pour affaiblir efficacement Saddam Hussein, provoquer la colère et la révolte du peuple irakien contre ses dirigeants, afin d'aboutir au renversement du régime. Parmi les conseils de cet Institut, se trouvaient Jean Kirkpatrick, ambassadeur des États-Unis à l'Onu de 1981 à 1985, dame de fer américaine de Ronald Reagan, le général Alexander Haig, dont le nom est lié à Nixon et Reagan mais aussi à la guerre du Vietnam ou au coup d'État de Pinochet au Chili, et George Schultz, également ex-secrétaire d'État, tous trois symboles de la tendance des « faucons ». « (...) Les industries les plus importantes pour le gouvernement irakien, dit cet article, sont celles dont la destruction sera immédiatement et durement ressentie par la population. Trois secteurs répondent à ce critère. D'abord les raffineries de pétrole sans lesquelles il n'y a plus d'essence et dont la destruction peut arrêter le transport irakien en quelques semaines. Deuxièmement, la douzaine de centrales électriques importantes sans lesquelles l'activité industrielle finira inévitablement par s'arrêter et qui privera la distribution alimentaire et les habitants de l'indispensable chaîne du froid et de réfrigération. Troisièmement et peut-être plus important, les stations de pompage et d'épuration des eaux de Bagdad sans lesquelles la population urbaine devra passer plusieurs heures par jour à chercher de l'eau et à la purifier. »

« Bouclier du désert »

L'opération « Bouclier du désert » a été préparée pendant plusieurs mois par des opérations de « guerre électronique » menées par le commando des opérations spéciales dans le système de détection électromagnétique irakien et par la tactique de brouillage et de leurres, les « tactical air launched decoys », faux avions sans pilote destinés à éblouir les radars et à repérer les batteries sol-air irakiennes. Selon le bilan de la guerre du Golfe présenté au Congrès en avril 1992 par le ministère américain de la Défense [1], les aviations alliées ont effectué plus de 100 000 sorties en quarante-trois jours de combat dont 65 000 réalisées par les avions de l'US Air Force (74 % du tonnage de bombes larguées par la Coalition) et 2 300 par ses alliés, français et britanniques principalement. Les superforteresses B52 ont effectué 1 624 sorties, plus de 95 000 tonnes de bombes sont larguées en six semaines, soit une moyenne de 16 000 tonnes par semaine, chiffre légèrement supérieur à celui des bombes lancées chaque semaine sur l'Allemagne et les territoires qu'elle occupait en 1944. Les fameuses armes intelligentes représentent 6 % seulement du tonnage d'explosif déversé sur l'Irak. Les attaques aériennes guidées par laser ont permis les attaques de nuit, donnant un énorme avantage sur l'ennemi. Pour acquérir la maîtrise de l'air et clouer l'ennemi au sol, l'aviation américaine

1. *Conduct of the Persian Gulf War, Final Report to Congress.*

a détruit 18 aérodromes stratégiques, une cinquantaine de pistes, 600 à 650 casemates abritant chacune un avion de combat, plusieurs dizaines d'unités de détection radar et de guidage des batteries de défense aérienne.

« Tempête du désert »

L'opération « Tempête du désert » commence le 23 février 1991 (alors que Bagdad a accepté in extremis un nouveau plan de paix dont il ne sera pas tenu compte) par l'installation d'une station américaine de ravitaillement hélicoptère en territoire irakien. Le 24 février, les troupes de la Coalition se déploient sur un front de 500 km, avec une intensification de la puissance de feu. La division française « Daguet » franchit la frontière irakienne à 3 h 30 accompagnée de la 2e brigade de la 82e division aéroportée américaine. Le 25 février, elle atteint le fort et la ville d'Al Salman, objectif de la mission et ouvre la voie au XVIIIe corps américain. Le 28 février, à 5 heures du matin, quand George Bush, Président des États-Unis, annonce la suspension des opérations militaires, le Koweït est libéré. À 8 heures, la division Daguet reçoit l'ordre de suspendre « toute activité offensive ». L'Irak est vaincu, ses infrastructures sont en ruines, la Coalition a fait plus de 50 000 prisonniers et plus de 100 000 tués dans les rangs irakiens. La « sale guerre propre » prend fin sur le terrain. Elle se poursuivra durant ces dix dernières années sous d'autres formes.

Les nouvelles armes

La « sale guerre propre » a été l'occasion pour les États-Unis de tester en site réel leurs nouvelles armes.

Les munitions à l'uranium appauvri sont apparues pour la première fois sur un champ de bataille, tirées par les avions A10, les hélicoptères Apaches, les chars américains Abrams, les chars britanniques A1M1, et certainement par les chars français

AMX-10 et 30 : « (...) dans le Golfe, dit le général Gallois au magazine *Le Vrai Journal*, en septembre 2000, on a expédié des chars AMX-10 et quelques chars AMX-30 qui, je le suppose pour les premiers et l'affirme pour les seconds, disposaient de ce genre de munitions. »

En violation des conventions internationales, des bombes au napalm, « améliorées » depuis le Vietnam, ont été utilisées contre les soldats irakiens dans les tranchées ou les casemates. Le Pentagone a d'abord démenti cette information révélée à l'époque par plusieurs médias dont le *Washington Post* et le *Herald Tribune* ainsi que par les témoignages de militaires américains. Il la confirmera le 22 février.

Les bombes à fragmentation si meurtrières au Vietnam également, furent présentes en Irak sous une forme « sophistiquée », capables de libérer des centaines de petites bombes explosant en milliers d'éclats d'acier acérés comme des lames de rasoir dès le contact avec la matière. Ce sont ces « cluster bombs » qui sont responsables de la mort de deux militaires français et de plusieurs blessés dans leurs rangs au fort d'Al Salman. Leur utilisation est également interdite par les conventions internationales. 60 à 80 000 d'entre elles ont été utilisées contre les populations civiles irakiennes. Selon les autorités militaires américaines, elles ont tué plus de 25 000 personnes, particulièrement sur la route qui relie Koweït City à Bassora au sud de l'Irak. L'« autoroute de la mort » a été massivement bombardée après le cessez-le-feu par l'aviation américaine alors qu'un convoi de véhicules civils et militaires irakiens long de plus de onze kilomètres fuyait les hostilités. Les bombes à fragmentation ont également été utilisées dans le bombardement des marchés, des ponts et autres sites civils.

Grande innovation également dans l'arsenal meurtrier déployé lors de la guerre du Golfe, la bombe « à effet de souffle », la « fuel air explosive ». Elle dégage un nuage de vapeurs d'essence au-dessus de l'impact, brûle tout sur plusieurs centaines de mètres de rayon et au contact de l'air, consomme l'oxygène, provoquant un souffle de haute pression trois fois supérieur à ce que peut supporter l'homme. L'usage de ces armes pourrait expliquer certaines infirmités (perte de la vue entre autres) brusquement apparues au sein de populations irakiennes locales.

Bien d'autres « technologies modernes » ont été éprouvées durant ce conflit. Les bombes à guidage laser ont été décisives pour pénétrer les ouvrages militaires souterrains irakiens. Par exemple, le canon GBU-24, qui pèse 2 tonnes et dont les projectiles sont capables de pénétrer 25 mètres de terre, ou son cousin français, le missile à guidage laser AS30 fabriqué par Aérospatiale, armé d'une tête de 240 kg, capable de « voyager » à une vitesse supersonique sur une distance de 11 km. Depuis, qu'il a été amélioré, le AS30 circule à une vitesse de 800 m/seconde et peut pénétrer une épaisseur de 2 mètres de béton sous 10 mètres de terre. Avec la « sale guerre propre », l'humanité est entrée dans l'ère des « pénétrateurs super-puissants ».

Le « phacochère »

L'avion américain A10 a été le véritable « héros » de cette guerre. Son premier vol date de 1972, mais depuis il n'a cessé d'être adapté aux nouvelles nécessités de la guerre. Il porte également le nom de « phacochère », en raison de sa laideur et de sa ressemblance avec l'animal, et le surnom de « tankbuster », le « tueur de chars ». Né des leçons tirées de la guerre du Vietnam, il est conçu pour accomplir plusieurs opérations à la fois : voler à basse altitude (150 mètres) pour les attaques au sol et assurer un appui rapproché des troupes. C'est un véritable arsenal transformé en avion. Muni d'un canon Gatling GAU-8 à sept tubes, il tire à une cadence théorique de 4 200 coups/minute à une vitesse initiale de 1 066 m/seconde des munitions de 30 mm en uranium appauvri. Il peut porter jusqu'à 1 150 de ces munitions. Sa vitesse de vol à charge maximum est de

680 km/heure. Il transporte également des bombes avec une capacité de largage de huit tonnes et des missiles Maverick à guidage électro-optique, des bombes à fragmentation, et des bombes conventionnelles. Largement utilisé en Irak, le « phacochère » a soutenu l'offensive de la division Daguet sur le fort d'Al Salman. Il est également intervenu massivement en Serbie et au Kosovo en 1999. « Il n'y a rien de mieux, disaient des pilotes américains de l'équipe d'élite A10, dans un reportage *(Les Ailes de légende)* présenté en 1999 sur la chaîne Planète après la guerre du Kosovo, tout le monde veut travailler dessus, il permet le vol tactique le plus agréable que l'on peut espérer. » Blindé au titane, c'est l'avion le plus résistant. Pendant la guerre du Golfe, les 144 A10 stationnés sur la base « King Fahd » ont réalisé 50 % des destructions. Saturant l'espace aérien, volant à très basse altitude, ils ont cloué au sol les troupes ennemies et participé à la bataille psychologique en semant la terreur chez les soldats irakiens. Chez des soldats français également, si on en croit certains témoignages.

Mais la « sale guerre propre », ce sont aussi certains actes particulièrement effroyables contre les combattants irakiens, et de plus commis en toute conscience.

Le crime de la Big Red One

Ahmed, trente-huit ans, est un soldat irakien de la guerre du Golfe. C'est à Bagdad que je l'ai rencontré. Ancien technicien informatique sans emploi, comme beaucoup d'autres, il essaie de survivre comme chauffeur de taxi « clandestin ». Dans la ville détruite par la guerre, les bombardements de 1998 et dix années d'embargo total, il traîne sa jambe raide, souvenir douloureux d'un conflit qu'il n'a pas voulu. Tandis que nous parlons, les barques des passeurs allument une à une leur lampe à pétrole et poursuivent leur va-et-vient sur le Tigre, entre les deux rives de la ville. De l'autre côté, le vieux quartier n'offre plus au regard que ses maisons lézardées. La splendeur et la magie de Bagdad ne sont plus qu'un ancien souvenir. Ici, tout est devenu synonyme de souffrance, misère, maladie et mort. Ahmed me dit : « Tu as vu comme c'était beau avant ! » Une expression qui revient souvent dans la bouche des habitants de Bagdad, amoureux de leur ville. Ahmed a survécu au tapis de bombes déversées sur le pays. Il a eu de la chance, dit-il, car sa blessure lui a permis d'être rapatrié dans un hôpital de la capitale et d'échapper au pire. Le « pire », c'est ce qui est arrivé à ses compagnons. Il évoque, la gorge serrée, le sort de ceux, paysans, conscrits, à peine âgés de 16 ans pour beaucoup d'entre eux, enrôlés de force dans l'armée, qui ne sont pas revenus. Ceux dont les corps sont ensevelis à jamais dans le sable du désert, au fond des tranchées, sur une ligne de front désormais effacée pour l'éternité où, abandonnés par leurs états-majors, ils ont attendu pendant plusieurs mois un ennemi dont ils ne soupçonnaient pas le visage.

Ensevelis dans les tranchées ! La presse n'a diffusé cette information que plusieurs mois après qu'elle a été rendue publique et officielle par le président du Sénat américain Sam Nunn. « Des soldats irakiens enterrés vivants, selon des officiers américains », titrait le *Guardian* de Londres en septembre 1991, ou encore : « Le mythe d'une guerre propre enterré dans le sable », en novembre de la même année...

Cela s'est passé dans les deux premiers jours de l'offensive terrestre « Tempête du désert », les 23 et 24 février 1991. Trois brigades de la 1re division d'infanterie mécanisée de l'armée américaine se sont enfoncées vers le front, équipées de chars Abrams, avec pour mission de perforer la ligne défendue par 8 000 soldats irakiens, de détruire les tranchées et les bunkers ennemis. Une partie des soldats s'est rendue. Les autres, blessés pour la plupart ou n'ayant pas eu le temps de sortir de leur trou, ont vu foncer, tels de gigantesques crabes, les énormes chars américains équipés de larges lames d'acier. En un rien de temps, les tranchées ont disparu, ensevelissant les soldats irakiens. Aux côtés des chars Abrams, des véhicules de combat Bradley tiraient sur ceux qui tentaient encore de se sauver.

Rien n'a été laissé à l'improvisation. Pendant les mois qui ont précédé l'offensive terrestre, la 1re division célèbre aux États-Unis sous le nom de « Big Red One », la « Grosse Rouge », s'est entraînée à cet exercice macabre. Une réplique de la ligne de front avait été construite d'après les photos satellites de l'armée des États-Unis sur la frontière entre l'Irak et l'Arabie saoudite pour être parfaitement au point le jour de l'offensive.

« Une fois fini, il ne restait plus que les premiers prisonniers », a témoigné plus tard, devant une commission du Congrès américain, le capitaine Bennie Williams, décoré de l'Étoile d'argent pour ce glorieux assaut. « Il est possible que nous en ayons tué des milliers », dit le colonel Anthony Moreno, commandant de la 2e brigade, tandis que le colonel Lon Maggard, commandant de la 1re brigade, estimait que son unité avait pu ensevelir environ six cent cinquante soldats. Le colonel Moreno ajoutait dans son témoignage : « Je suis arrivé juste après la compagnie de tête, on voyait encore s'agiter au-dessus du sable des bras qui tenaient des armes. Quand les soldats irakiens ont compris ce que l'on faisait et à quelle vitesse, ils ont commencé à sauter de leurs trous et à se rendre. Je sais qu'enterrer des gens comme ça peut paraître assez dégueulasse, mais il aurait été encore plus dégueulasse d'envoyer nos soldats nettoyer les tranchées à coup de baïonnettes. Ce n'était pas une doctrine, mais ma conception est de battre l'ennemi avec notre puissance et notre équipement. Nous étions prêts à les anéantir avec tout ce dont nous disposions. Je ne suis pas prêt à sacrifier les vies de nos soldats. »

La Big Red One s'était illustrée auparavant par son rôle durant la guerre du Vietnam. Le 23 juin 1963, Gerard Werster, soldat de cette division, fut le premier Américain à poser le pied en terre ennemie. Semant la mort dans les villages et les rizières, commettant les pires atrocités contre le peuple vietnamien, d'attaques héliportées en opérations commandos, 2 000 de ses hommes y laissèrent aussi la vie.

« Dans le Golfe persique, peut-on lire dans l'histoire officielle de la Big Red One, le devoir nous a appelés et nous avons répondu. En moins de cent heures, nous avons détruit la volonté de l'armée irakienne et de la garde républicaine d'Hussein, par la puissance du feu et la vitesse d'action. » Après ses exploits dans la guerre du Golfe, la Big Red One a gagné trois citations de guerre : celle de la « Défense de l'Arabie saoudite », celle de la « Libération du Koweït » et celle du « Cessez-le-feu ». Mais durant la Seconde Guerre mondiale, les blindés des nazis avaient également enterré des soldats de l'Armée rouge dans leurs tranchées, et cet acte a été qualifié de « crime de guerre ».

Une logistique sans précédent

La capacité logistique des États-Unis a également fait de ce conflit une guerre « hors norme » avec la mise en place, aux antipodes du continent américain, de 10 millions de tonnes de matériel et de carburant dont 500 000 acheminées par voie aérienne. L'armée américaine a passé 110 000 contrats avec plus de 2 500 fournisseurs pour un montant de 9 milliards de francs.[1] « Aujourd'hui, nous avons déchargé 380 bateaux venant des États-Unis et d'Europe et écoulé le trafic créé par l'arrivée de 100 avions de transport. La quantité de matériels reçus, une fois alignés, s'allongerait sur la distance séparant Saint-Louis d'Atlanta. Au Vietnam, la mise en état opérationnel de 550 000 hommes nécessita cinq années (...). Nous en avons maintenant 500 000 et sommes parvenus à ce résultat en six mois, déclarait, le 11 février 1991, le général major James Starling, responsable de la logistique auprès du général

1. *Conduct of the Persian Gulf War, op. cit.*

Schwarzkopf[1]. » Les services de transport, de construction, de ravitaillement, de réparation, de remplacement des hommes et du matériel ont réussi à produire plus de 2 milliards de tonnes/kilomètre de cargos divers, des ports d'embarquement aux unités déployées pour le combat, à transporter, recevoir, répartir 112 500 véhicules, en faire autant avec des armements nécessitant en valeur pour plus de 2,5 milliards de dollars de munitions, construire et aménager des installations de réparation et de stockage valant 615 millions de dollars, enfin, au moment où les opérations atteignirent leur plus grande intensité, fournir et distribuer chaque jour 70 millions de litres de carburant. Rien n'a été oublié, ni les boîtes de nuit construites dans le désert, ni les gigantesques supermarchés, et les autorités saoudiennes avaient même donné leur autorisation pour que les femmes GI's puissent conduire et circuler à visage découvert !

Cette guerre qui devait mettre fin à l'occupation d'un État par un autre, s'est soldée non seulement par la mort de plus de 200 000[2] Irakiens civils et militaires, mais aussi par la destruction méthodique des infrastructures d'un pays qui était en pleine modernisation.

Financée par une trentaine d'États, cette guerre « multinationale locale » est unique par l'ampleur des moyens déployés, sa puissance de feu et sa capacité de destruction équivalente selon les militaires spécialistes à six fois la bombe d'Hiroshima.

Elle est aussi à l'origine de ce qu'il est désormais convenu d'appeler le « Syndrome de la guerre du Golfe », expression qui désigne aujourd'hui un ensemble de pathologies et de drames humains consécutifs au conflit, et dont sont victimes des dizaines de milliers de soldats de la Coalition depuis leur retour.

---

1. In *Le Sang du pétrole*, *op. cit.*

2. Chiffre communément avancé, sauf par les autorités irakiennes, qui le minimisent à dessein.

Enfin, la guerre « propre » trouve son prolongement dans l'embargo imposé, en 1991, par le Conseil de sécurité de l'Onu responsable, selon les estimations de l'Unicef, de la mort de près de 2 000 000 d'Irakiens, dont une majorité d'enfants.

CHAPITRE 1

Le Syndrome de la guerre du Golfe

« J'ai servi dans l'armée de 1987 à 1991. Pendant la guerre du Golfe, j'étais assigné à la 3e division blindée en Allemagne et j'ai été envoyé dans le Golfe le 24 décembre 1990. Nous nous sommes déployés près de la frontière irakienne où nous avons fait des manœuvres d'entraînement avant l'invasion de février 1991. J'ai quitté le Golfe en mars 1992.

« Notre unité a été engagée dans des combats lourds le 26 février 1991. J'ai été blessé dans un accident de "tir ami" impliquant des munitions à l'uranium appauvri. Notre véhicule de combat Bradley a été touché deux fois par des balles d'uranium appauvri tirées par des tanks américains et j'ai reçu la décoration Purple Heart pour mes blessures par éclats.

« En octobre 1991, j'ai commencé à être malade. J'ai ressenti des douleurs abdominales violentes et je mangeais difficilement. Cela a duré pendant plusieurs semaines. J'étais suivi par un médecin dans un hôpital de l'armée de l'air à Albuquerque. J'ai quitté l'armée peu après être tombé malade et je n'ai plus eu accès aux soins médicaux militaires. J'ai envisagé de me suicider, car il n'y avait aucune réponse et aucun traitement. Plus tard, on m'a dit que ma maladie n'était pas réelle, mais psychosomatique, que c'était dans ma tête. Depuis sept ans, on refuse de dire si mes problèmes physiques sont liés à l'exposition à l'uranium appauvri.

« Actuellement, je fais partie d'une étude sur la santé des Vétérans exposés à l'uranium appauvri. Ce programme ne prend en charge qu'une poignée de ceux qui ont été gravement exposés à l'uranium appauvri. En 1993, j'avais perdu 30 kilos et j'attends encore que l'on m'explique pourquoi. Aujourd'hui, je parle publiquement parce que les malades de la guerre du Golfe sont nombreux. Notre gouvernement devrait arrêter d'utiliser l'uranium appauvri. S'il ne le fait pas, qu'il assure au moins le suivi médical de ceux qui en ont en besoin. Souvenez-vous, ce triste héritage des fautes du gouvernement n'est pas nouveau. Il y a environ 50 ans, des Vétérans ont été utilisés comme cobayes humains pour les essais nucléaires. Puis le gouvernement a testé le LSD sur d'autres. Puis ils ont utilisé l'agent orange, il y a trente ans. »

Jerry Wheat – 3e division blindée
Témoignage devant le Congrès américain, 2 mars 1998.

« J'étais basé à Al Ahsa, où se trouvaient les avions français Jaguar. J'étais chargé de les contrôler à leur retour. Ils suivaient les avions américains lors des bombardements et passaient dans les nuages de fumée dégagés par les puits de pétrole. Après leur mission, les avions étaient garés dans des sortes d'alcôves. Ils revenaient couverts d'une couche grasse, noire et épaisse. Il m'arrivait de rester six ou sept heures le nez dans cette crasse. Avant de partir, j'étais un grand sportif. Quand je suis revenu, je ne pouvais plus porter ma valise. J'étouffais, je tombais par terre, j'avais des crises de tétanie, c'était l'enfer. Je suis convaincu que j'ai respiré des poussières toxiques chimiques car nous avons eu des alertes chimiques à un rythme d'environ une par jour et nous ne portions pas de masque de protection. Il y avait aussi ces résidus de pétrole brûlé.

« Quand je suis revenu, on m'a fait une prise de sang à la base à laquelle j'appartenais, et là, on m'a d'abord dit que j'avais un problème de glandes thyroïdes. Puis, que c'était du paludisme. Puis le diagnostic a encore changé. Après de multiples prises de sang sans jamais rien savoir, j'ai demandé à être hospitalisé à l'hôpital militaire Robert-Piquet de Bordeaux. J'avais perdu sept kilos. On a alors constaté un taux de gamma GT et de transaminases trois fois plus élevé que la normale. On m'a dit que j'avais quelque chose de très grave, mais rien de plus. À l'hôpital, il y avait d'autres soldats du Golfe malades, mais on m'a empêché d'entrer en contact avec eux. Quand j'ai passé les radios, j'ai été surpris d'entendre la technicienne désigner mes symptômes. Elle m'a dit : "Vous avez mal là, là, là." Elle a ajouté que le patient qui était passé avant moi avait la même chose. Je n'ai pas réussi à le voir.

« C'était deux mois après mon retour. J'avais une douleur aiguë entre les omoplates et du côté du foie. J'ai fait deux ou trois séjours en hôpital, jusqu'au mois de juin. On ne me faisait rien, seulement des prises de sang. On m'a dit que j'avais une hépatite cytomégalovirus. En septembre, j'ai été muté à Paris. À cette époque, j'ai constaté que mon foie était débordant. Je me suis inquiété, j'ai pensé au cancer du foie. Je suis allé voir le médecin qui a téléphoné à l'hôpital militaire Bégin. J'ai été hospitalisé au service des maladies contagieuses et tropicales où j'ai subi de nombreuses prises de sang, des biopsies et autres examens. Le diagnostic de l'hépatite a été à nouveau retenu par les médecins. Donc, pas de soin, du repos. Personne ne voulait m'écouter lorsque je parlais des conditions dans le Golfe, j'ai même eu droit à des réflexions acerbes. En 1995, j'ai quitté l'armée. Avant de partir, en 1992-1993, je suis passé devant la commission de réforme qui m'a attribué 10 % d'invalidité "non imputable au service". Il y avait là des officiers supérieurs qui n'avaient pas l'air intéressé par mon histoire, ils m'ont remercié pour mon explication, c'est tout. Aujourd'hui, j'ai un cancer des glandes lymphatiques, qui touche le bas-ventre, l'aorte et je commence un traitement pour un deuxième cancer qui touche les glandes surrénales. »

Gérard Jourdrein –
Major de l'armée de l'air, décédé le 14 août 2000.
Témoignage recueilli en mai 2000.

Lorsque j'ai rencontré Gérard Jourdrein, nous avons longuement parlé, malgré sa grande fatigue. Il était malade depuis son retour du Golfe et a dû se battre avec son épouse et ses enfants contre les services de santé militaires durant ces neuf années pour connaître la vérité sur la maladie dont il souffrait et être soigné correctement. Il est mort trois mois plus tard.

*

Après leur retour du Golfe, les soldats américains et britanniques furent les premiers à constater l'apparition de certains troubles, symptômes ou maladies particulières, malformations chez les enfants nés de pères présents sur le théâtre des opérations, cancers, troubles du comportement, maladies pulmonaires, lésions cérébrales, affections cutanées, troubles cognitifs, entre autres. Les mêmes pathologies étaient repérées au sein de la population irakienne dans des proportions inquiétantes. On constatait notamment une augmentation très rapide des leucémies chez les enfants et un nombre croissant de malformations congénitales monstrueuses chez les nouveau-nés ou les fœtus.

L'expérience de la guerre du Vietnam où furent utilisées des armes hautement toxiques comme l'« agent orange », un défoliant déversé sur les forêts et les villages qui eut des conséquences catastrophiques à long terme sur les populations vietnamiennes, les Vétérans et leur descendance, était encore dans les mémoires. Certaines associations d'anciens combattants commencèrent alors à poser des questions.

Un lien de causalité difficile à prouver

C'est en 1992 qu'est apparue aux États-Unis pour la première fois l'expression « Syndrome de la guerre du Golfe », qui recouvre les diverses pathologies ou symptômes repérés chez les Vétérans. Des chercheurs et des organisations de la société civile (associations de familles, de Vétérans, des droits de l'homme, etc.) ont alors entrepris des recherches pour essayer de démêler l'écheveau extrêmement complexe de ce « Syndrome ». Au fil des années et des recherches, un certain nombre de facteurs pouvant être à l'origine de ces maladies ont été identifiés : l'uranium appauvri, les pesticides abondamment épandus sur les camps militaires alliés, les agents chimiques toxiques libérés par les bombardements de sites industriels civils et militaires irakiens, y compris des stocks d'armes chimiques, les fumées toxiques des puits de pétrole en flammes, les vaccins, les produits pharmaceutiques tels que la pyridostigmine ou les pilules anti-sommeil Virgyl, ainsi que le stress.

La multiplicité des facteurs et la diversité des pathologies et troubles repérés rendent l'affaire complexe. En effet, pour déterminer quel agent toxique ou quelle combinaison d'agents toxiques a pu provoquer telle pathologie, tel trouble ou tel symptôme, il est nécessaire d'engager des recherches scientifiques et cliniques très approfondies et coûteuses. Le refus des États concernés d'entreprendre ces recherches leur ont permis de continuer de nier la réalité du Syndrome. Par ailleurs, un certain nombre de pathologies, comme les cancers, ne sont apparues que plus tard, rendant plus difficile encore la preuve du lien avec la présence dans le Golfe.

La méthode américaine

Depuis dix ans, les anciens combattants américains, britanniques, canadiens et australiens se sont entourés de conseils scientifiques et ont engagé des actions pour faire reconnaître le « Syndrome de la guerre du Golfe ». En février 2000, le ministère américain de la Défense reconnaissait que 132 749 anciens combattants étaient « inaptes au service », dont 80,1 % atteints de maladies diagnostiquées tandis que plus de 20 % présentaient des symptômes qualifiés de « maladies inconnues » par le département des Affaires des Vétérans [1]. Mais les autorités militaires n'ont pas pour autant reconnu le lien avec la présence dans le Golfe.

Deux missions d'information avaient été assignées au comité-conseil présidentiel pour les maladies des Vétérans de la guerre du Golfe [2] par le Président des États-Unis : « Déterminer si le gouvernement utilise tous les moyens dont il dispose pour découvrir les causes des maladies des Vétérans » et « si le gouvernement délivre des soins de qualité aux Vétérans malades ». Le rapport final présenté par le comité-conseil en 1999 est intéressant en ce qui concerne la nature des maladies des Vétérans du Golfe et les facteurs de risque (exposition à diverses substances toxiques et effets sur la santé de ces expositions). Le comité présidentiel avait le choix entre deux méthodologies : entreprendre une étude tenant compte de données cliniques et des recherches scientifiques en cours menées à partir des Vétérans malades ou privilégier une enquête épidémiologique basée sur des statistiques comparant la « population générale des États-Unis » à celle qui avait été déployée dans le Golfe. C'est cette

---

1. *Department of Veterans Affairs (VA).*
2. *Presidential Advisory Comittee on Gulf War Veterans' Illnesses.*

seconde qui a prévalu. Le comité a nourri son enquête quasi exclusivement de données et informations fournies par le ministère de la Défense et réfuté les conclusions des recherches cliniques et scientifiques entreprises par des structures universitaires ou associatives indépendantes, voire celles plus gênantes encore menées par certaines institutions militaires.

Le comité s'est appuyé également, mais en les réfutant, sur les programmes d'examens cliniques effectués par le département des Affaires des Vétérans (VA) et sur le registre sanitaire des Vétérans de la guerre du Golfe persique[1].

Véritable institution aux États-Unis, créé en 1636 par les premiers colons après la guerre contre les Indiens Pequot, le VA est l'organisation américaine qui gère les problèmes des Vétérans. Sans être réellement un ministère ou un secrétariat aux Anciens Combattants, il dispose aujourd'hui d'un gigantesque système d'assistance et d'innombrables structures médicales destinées aux Vétérans sur l'ensemble du territoire des États-Unis. En mars 1989, sous le mandat du Président Bush, deux ans avant la guerre du Golfe, le département des Affaires des Vétérans s'est vu offrir officiellement une place dans le cabinet du Président : « La vraie place des Vétérans d'Amérique est à la table du Président des États-Unis d'Amérique », déclarait à cette occasion le Président Bush, initiateur de la guerre du Golfe, désireux sans doute de mieux contrôler cette puissante organisation.

Le registre, quant à lui, a été mis en place en 1992[2], sous l'autorité du ministère de la Défense. Il comprend « la liste nominative des personnes ayant servi comme membres des forces armées sur le théâtre des opérations du Golfe persique durant la guerre du Golfe persique, qui ont fait une demande de soins ou de services au département des Affaires des Vétérans

---

1. Persian Gulf War Veterans Health Registry.
2. Dans le cadre de la loi publique 103-446 fixant les droits des Vétérans.

(VA) (...), qui ont rempli une demande d'indemnisation (...) ou se sont adressées au département pour des examens médicaux».

Des témoignages « anecdotiques »

En juin 1993, le *British Medical Journal* écrivait: «Quelque chose a rendu les soldats de la guerre du Golfe malades. Des 600 000 soldats américains envoyés au Moyen-Orient pour combattre Saddam Hussein, plus de 54 000 bénéficient déjà de pensions d'invalidité et plus de 1 600 sont morts...» À l'époque, toujours selon cette revue, 73 000 soldats américains avaient demandé des examens médicaux, 4 000 présentaient des symptômes que les médecins étaient incapables de diagnostiquer et de traiter.

Le rapport américain précise que, en octobre 1996, environ 62 000 personnes ayant servi dans le Golfe avaient effectué des examens médicaux dans le cadre du registre et le VA avait rendu compte des premiers 52 216 résultats. Plus de 34 000 individus avaient demandé un examen au service du ministère de la Défense qui, à la même époque, donnait les résultats de 18 075 patients examinés. Suffisamment d'éléments, donc, pour entreprendre une véritable enquête à partir de ces cas. Pourtant, le rapport présidentiel juge que «l'information tirée de ces données a une utilité clinique, et le ministère de la Défense et le VA l'ont utilisée dans une perspective descriptive. Les données ont également servi de ligne directrice dans la formulation de certaines approches de recherche épidémiologiques. Cependant, les résultats des analyses du registre et des services de la Défense – deux séries sélectionnées – ne permettent pas de tirer des conclusions généralisées à la population des Vétérans de la guerre du Golfe dans son ensemble. C'est d'une étude épidémiologique que nous attendons une connaissance scientifiquement valide et généralisable». Dans le chapitre IV, le rapport est plus direct: «Il existe peu de données sur les facteurs de risque de la guerre du Golfe. En fait, pour la plupart des facteurs de risque que nous avons analysés, la seule information accessible aujourd'hui réside dans les témoignages *anecdotiques* des Vétérans. En conséquence, il sera difficile de lier, de manière scientifique valide, toute maladie détectée par la recherche en cours à des expositions spécifiques ou des facteurs de risque. » Le comité conclut donc, dès son deuxième chapitre que le « registre du Golfe persique du ministère de la Défense sera de peu d'utilité pour l'enquête sur les maladies du Golfe et est certainement un substitut inadéquat pour les données manquantes ».

L'enquête épidémiologique américaine : RAS

Le comité présidentiel a donc considéré les symptômes et les maladies diagnostiquées selon la méthode comparative qu'il a établie entre des groupes de soldats malades au retour du Golfe et la population générale :

« Les participants à l'enquête du service du ministère de la Défense (CCEP) ont signalé un large éventail de symptômes qui touchent divers organes », explique le rapport.

« Les symptômes primaires les plus communs sont les douleurs articulaires, la fatigue, les migraines, les démangeaisons et les troubles de la mémoire. 10 % sont asymptomatiques (le rapport parlera plus loin de 20 %).

« Les symptômes les plus fréquents sont communs dans la population générale adulte des États-Unis. »

Pour ce qui concerne les maladies diagnostiquées, 10 % des participants aux deux séries sont considérés « en bonne santé » par le comité-conseil. Les autres maladies diagnostiquées les plus fréquentes sont de l'ordre des « troubles psychologiques et musculaires ». Pour évaluer les incapacités physiques, le ministère de la Défense a interrogé les participants sur le nombre de jours d'arrêt de maladie durant les 90 jours précédant l'examen médical. « La plupart, dit le rapport, disent n'avoir pas manqué du fait de la maladie durant cette période. (...) Le niveau de jours de travail perdus est supérieur à celui de la population générale américaine des employés civils. » « Cependant, ajoute le rapport, les données ne peuvent pas être considérées comme une estimation significative de l'incapacité due au service dans la guerre du Golfe. De nombreux individus (dont certains peuvent présenter une incapacité) ont quitté le service actif depuis la guerre et ne peuvent donc pas participer aux examens du CCEP. Aucune information n'a été donnée sur ce sujet par le registre. »

Concernant les maladies musculaires et osseuses, le ministère de la Défense constate qu'elles concernent deux fois plus d'hommes et trois fois plus de femmes chez les Vétérans que dans la population américaine entre 20 et 40 ans. « Mais, conclut-il, les personnels militaires doivent maintenir un certain niveau de forme physique et sont sollicités souvent pour des programmes d'entraînement physique qui imposent une tension considérable aux articulations et aux muscles. (...) Les blessures sont fréquemment provoquées par des activités d'opération et d'entraînement militaires. » Pour le comité-conseil, il n'y a donc pas à chercher les causes de ces maladies ailleurs. En France, certains médecins militaires ont répondu à leurs patients du Golfe présentant les mêmes pathologies : « Vos douleurs viennent de ce que vous ne faites plus de sport, que vous ne vous maintenez pas en forme. » Une autre façon de voir les choses pour une même conclusion : rien à signaler !

Abordant les cancers, le rapport relève en premier lieu qu'ils sont rares chez les Vétérans examinés, alors que les organisations de Vétérans constatent au contraire un nombre anormal et progressif de certains cancers et que les médecins étrangers qui se sont rendus en Irak pendant ces neufs dernières années confirment l'augmentation significative, depuis la guerre, des leucémies chez les enfants et des cancers du rein chez les anciens soldats irakiens. « Les lymphomes, dit le rapport, sont la forme la plus fréquente parmi les 20/40 ans dans la population générale américaine, le second étant le cancer de la peau. »

Quant au cancer des testicules, « commun parmi les jeunes Américains de façon générale », le CCEP en a diagnostiqué quatre parmi les soldats. Pour le comité-conseil, les cancers (lymphomes, cancer des reins, de la peau et tumeurs embryonnaires principalement) repérés chez les anciens du Golfe ne sont donc pas à mettre en relation avec la guerre.

C'est la même logique qui guide le comité présidentiel pour les autres paramètres examinés et le conduit aux mêmes conclusions. « Le taux de mortalité dû aux maladies chez la population déployée dans le Golfe, y compris les maladies infectieuses et les cancers, est égal, voire inférieur, à celui des populations déployées ailleurs. Comparés à la population générale, les Vétérans de la guerre du Golfe et les autres Vétérans ne présentent pas des taux de mortalité significatifs lorsqu'ils sont établis par âge, sexe, race, et année du décès. Les études complètes ne révèlent aucun excès de décès par cause naturelle durant les opérations "Bouclier du désert" et "Tempête du désert" ni dans les deux années suivantes. » Quant au taux de morbidité, après avoir souligné le manque d'informations fournies par les études sur les Vétérans du Golfe, le comité passe en revue cinq d'entre elles, réalisées entre 1992 et 1994 et rejette systématiquement leurs conclusions [1]. « Les résultats ne peuvent pas être généralisés à l'ensemble de la population de la réserve ou des Vétérans de la guerre du Golfe » ; « l'étude ne peut pas évaluer dans quelle mesure une vigilance plus importante par rapport aux personnels de service déployés dans le Golfe pourrait contribuer à élargir le nombre de signes et symptômes repérés » ; « les sujets étaient tous des membres de la Air National Guard ou des

1. Enquêtes sur 79 membres du 123e Army Reserve Command (1992), deux détachements du 24e Naval Mobile Construction Bataillon ou Seabee (1993-1994), étude sur les femmes Vétérans (1991-1992), sur la garde aérienne de Pennsylvanie (1994).

forces aériennes et ce choix ne peut refléter l'état de l'ensemble de la population des personnels déployés dans le Golfe ».

Les recherches menées par le Centre de recherche sanitaire des forces navales de San Diego, une structure militaire dépendant du ministère de la Défense, sont elles aussi contestées. Portant sur les hospitalisations dans l'ensemble des hôpitaux militaires au cours des deux années qui ont suivi la guerre, cette étude compare le taux d'hospitalisation chez les 547 076 Vétérans du Golfe avec celui de 618 335 personnels militaires non déployés. « Les Vétérans du Golfe qui ont été examinés en 1991 pour des raisons spécifiques, dit cette étude, ont montré un taux plus élevé de cancers des testicules et de désordres génitaux en 1991. En 1992, ce sont les maladies du sang et en 1992 et 1993, les troubles mentaux. » Le comité présidentiel conclut pourtant que « ces résultats ne peuvent être généralisés à la population du Golfe dans son ensemble car l'étude ne porte que sur les hospitalisations de soldats en service actif. Les membres de la réserve ou de la garde nationale, ou ceux qui ont quitté l'armée ne sont pas représentés. Cette recherche indique l'absence d'une augmentation significative de maladies nécessitant une hospitalisation parmi les Vétérans du Golfe. »

Finalement, le rapport du comité-conseil, faisant dire aux chiffres ce qu'il veut, ne retient que les données sur les troubles liés au stress « observés dans les guerres précédentes ». « Le stress de guerre, conclut-il, peut provoquer un taux de maladies psychiatriques plus élevé que dans la population générale et affecter les systèmes hormonaux, cardiovasculaires, immunitaires et le système nerveux central, provoquant des problèmes biologiques sérieux. Comme constaté après les précédentes guerres, les symptômes qui se manifestent alors sont la fatigue, les migraines, la perte d'appétit, les problèmes de sommeil et les troubles cognitifs (problèmes de mémoire et difficulté de concentration). »

La « névrose post-traumatique » sera donc l'explication officielle aux maladies reconnues et indemnisées par les autorités américaines. Ce qui leur permet d'affirmer que le « Syndrome de la guerre du Golfe » est une invention.

Ainsi, par ses conclusions, le rapport final exclut toute responsabilité des autorités militaires et civiles des principales puissances de la Coalition (États-Unis, Grande-Bretagne, France) confrontées au « Syndrome de la guerre du Golfe ».

Les soldats font entendre leur voix

Faut-il clore l'affaire du « Syndrome du Golfe » pour autant ? Faut-il ne pas tenir compte de ces dizaines de milliers de « témoignages anecdotiques » ? À l'évidence, non, ont pensé un certain nombre de scientifiques venus d'horizons internationaux divers. Quant aux témoignages de Vétérans, ils sont de plus en plus nombreux. Aux États-Unis, bien sûr, mais aussi en Grande-Bretagne, en France... Des voix s'élèvent de partout qui brisent le mur du silence.

En France, Hervé Desplat, ancien caporal au 68e régiment d'artillerie pendant la guerre du Golfe, est co-fondateur de l'association Avigolfe [1] pour « faire toute la vérité et défendre les victimes pour la reconnaissance de leurs droits à l'information, à l'indemnisation et aux soins ». L'association publiait en décembre 2000 les résultats de son enquête (voir en annexe). La liste des « malades » ou des anciens soldats décédés pour cause de maladies est déjà longue. En voici un aperçu :

> Durant son séjour dans le Golfe, Gérard Jourdrein [2] a rencontré les techniciens de « gros groupes de l'industrie civile d'armement et d'aéronautique ». « L'un d'eux, me dit-il, présentait les mêmes symptômes à son retour. Il est mort quatre ans plus tard. » Depuis, les cas de lymphomes

---

1. L'association Avigolfe a été créée le 14 juin 2000.
2. Voir p. 28.

relevés par l'enquête menée par l'association Avigolfe se sont multipliés. Les décès signalés par les veuves de personnes civiles ou militaires du Golfe également, tel celui d'un électronicien de Thomson détaché auprès de l'armée, chargé de la maintenance des radars. Il est décédé en 1996 d'un cancer généralisé à l'âge de 43 ans, à l'hôpital Saint-André de Bordeaux, en s'interrogeant sur l'origine de sa maladie.

Frédéric Bissérieix – 22 ans au moment de la guerre du Golfe, décédé en juillet 2000 de tumeurs embryonnaires à l'âge de 32 ans. Les autorités médicales militaires ont refusé de transmettre son dossier médical complet.

A. N. – 38 ans au moment de la guerre du Golfe, personnel civil, décédé en septembre 1996 d'un cancer généralisé.

M. C. – tumeur au cerveau, décédé en 1992.

M. B. – 43 ans au moment de la guerre du Golfe, lymphome, décédé en 1999.

R. P. – 21 ans au moment du Golfe, tumeur cérébrale. « Mon fils est très lucide, mais il ne peut s'exprimer correctement, il est très difficile de le comprendre. Il n'est pas transportable, inopérable et est en soins palliatifs. » (Septembre 2000).

M. M. – 20 ans au moment du Golfe, sarcome Shawnome, décédé en janvier 1999.

M. L. – rapatrié en juin 1991 pour « bronchite chronique », décédé en avril 1992 d'un cancer du poumon.

M. V. – malade en rentrant du Golfe puis cancer de l'estomac, décédé le 20 juillet 1997.

I. M. – 27 ans au moment de la guerre du Golfe : traité pour des tumeurs cancéreuses. État grave.

D. O. – 36 ans au moment de la guerre du Golfe : deux tumeurs aux glandes parotides.

P. A. – 20 ans au moment de la guerre du Golfe, Casque bleu au sud Liban où il a vécu de nombreuses alertes chimiques réelles. Hospitalisé pour plusieurs tumeurs, état grave.

L. S. – 23 ans au moment de la guerre du Golfe : maladie de Hodgkin de stade IV. « Non imputable au service par défaut de preuve. »

G. G. – 22 ans au moment du Golfe, maladie de Hodgkin depuis 1993, mais taux d'invalidité reconnu 10 % pour une hernie discale. « Non imputable au service par défaut de preuve. »

D. J. P. – 34 ans au moment du Golfe, séquelles de corticosurrénalome opéré avec splénectomie. Invalidité reconnue à titre documentaire : 100 %. « Non imputable au service par défaut de preuve. »

M. W. – tumeur craniopharyngiome. « Non imputable au service par défaut de preuve. »

R. R. – « Je signale que deux jours après notre retour en France, un cross régimentaire a été organisé. Lors de l'exercice, neuf personnes ont été prises d'un violent malaise (étouffement avec leurs langues), quatre ont été évacuées à l'hôpital. Malheureusement, le brigadier-chef G. est décédé sur place d'étouffement. Quelques heures plus tard, les autorités militaires nous déclaraient qu'il était mort d'arrêt cardiaque, suite à une malformation du cœur. Ce militaire avait six ans de service, il était l'un des meilleurs sportifs du régiment. Quand on sait l'entraînement des troupes d'élite à ce niveau, on est en droit de se poser des questions sur ce qui s'est réellement passé pendant la guerre du Golfe et les différents produits utilisés par les militaires français pendant celle-ci. »

B. N. – cancer de la thyroïde.

E. C. – tumeur du cerveau, paraplégique.

Ce ne sont là que quelques cas relevés par l'association Avigolfe.

Moyenne d'âge au moment de la guerre des personnes interrogées : 26,5 ans.

CHAPITRE 2

Des armes à l'uranium appauvri et des hommes

La guerre du Golfe a été l'occasion de tester pour la première fois grandeur nature, sous forme de balles, obus, bombes ou missiles, des munitions fabriquées avec de l'uranium appauvri. Environ 5 000 obus d'uranium appauvri ont été tirés par les tanks américains et britanniques, et plusieurs dizaines de milliers par les forces aériennes de ces mêmes armées, particulièrement les hélicoptères Apaches et les bombardiers A10 américains. Pour ce qui concerne la France, selon les témoignages de certains soldats, les chars AMX-10 RC et AMX-30 auraient été chargés avec ce type de munitions mais cela reste à vérifier. La publicité de Giat Industries vante cependant la « capacité antichar de l'obus-flèche de 105 mm Otan » dont ils sont armés. Américains, Britanniques et Français utilisent également ce métal pour la fabrication des blindages de leurs nouveaux chars de combat et pour les stabilisateurs de certains missiles de croisière. C'est le cas du char Leclerc, par exemple, fleuron de l'armée française qui est également armé de « flèches » (obus) en uranium appauvri. Il est intéressant de noter que le terme d'« uranium appauvri » n'est jamais utilisé dans les documents techniques, mais qu'il est systématiquement remplacé par des termes tels que « pénétrateur » pour les munitions ou « anti-pénétrateur » pour les blindages.

L'affaire de l'uranium appauvri

C'est la publication, le 10 novembre 1991, par le journal de Londres *The Independant on Sunday*, d'un rapport secret de l'Agence britannique de l'énergie atomique daté du 30 avril 1991 qui a mis « le feu aux poudres ». Pour la première fois, en effet, l'utilisation de l'uranium appauvri dans l'armement était rendue publique. Quelques mois après la fin de la guerre du Golfe, ce rapport établissait que 40 tonnes au moins de débris d'uranium appauvri avaient été laissées sur le terrain par les armées alliées. Selon les auteurs, une quantité suffisante pour causer « 500 000 morts potentiels, chiffre théorique » et poser « un problème certain ». Le département américain de la Défense (DOD, ministère de la Défense) avait admis dès mai 1991, dans un mémorandum secret rendu public dans le cadre de la loi sur la liberté de l'information [1], que « l'usage d'uranium appauvri peut entraîner une contamination environnementale pouvant avoir des conséquences graves sur la santé humaine ». Par ailleurs, une enquête menée par Greenpeace en 1992-1993 à partir des documents de l'armée également « déclassifiés » a permis à cette organisation d'établir qu'il reste en réalité sur le sol irakien environ 300 tonnes de déchets radioactifs et toxico-chimiques, un chiffre qui n'a d'ailleurs pas été contesté.

Après la guerre, l'uranium appauvri a été désigné par certains scientifiques et par les associations d'anciens combattants américains et britanniques comme l'un des facteurs de certaines des maladies regroupées sous l'expression « Syndrome de la guerre du Golfe ». On retrouve en effet les mêmes pathologies chez de nombreux Vétérans du Golfe et dans la population

---

1. La « Freedom of Information Act » n'a pas d'équivalent en France et permet la levée du secret sur tout dossier civil ou militaire jugé d'intérêt public.

irakienne que chez les personnes ou les animaux contaminés par l'uranium : cancers, immunodéficience, mutations génétiques, stérilité. C'est également à l'exposition à l'uranium appauvri des soldats irakiens que l'on attribue les malformations congénitales chez des enfants nés après la guerre de pères présents sur le site des opérations et l'augmentation significative des leucémies chez les enfants irakiens dans les années qui ont suivi la guerre.

Qu'est-ce que l'uranium appauvri ?

L'uranium naturel contient principalement deux éléments, l'U235 (0,71 %) et l'U238 (99, 99,3 %). Pour obtenir la réaction en chaîne indispensable à la production de l'énergie nucléaire utilisée dans les centrales, les bombes ou les engins à propulsion nucléaire comme les sous-marins, on enrichit l'uranium naturel en isotope. À la fin de ce processus de traitement, l'U238 est considéré comme un « déchet », c'est l'« uranium appauvri », composé à 99,79 % d'U238, de 0,2 % d'U235 et de 0,008 % d'U236. L'uranium appauvri est le métal le plus dense ; il est plus dense que le tungstène généralement utilisé dans l'armement. C'est cette densité qui permet de projeter les munitions à une vitesse de plus de 1 500 mètres/seconde, et leur donne ainsi la capacité de percer les blindages de tanks ou, comme l'ont montré certaines expériences, une épaisseur de béton de 50 cm placée sous trois mètres de terre. Quant au blindage des chars fabriqués avec l'uranium appauvri, il résiste à toutes les munitions classiques.

L'uranium appauvri présente-t-il un danger ? Dans les pays grands producteurs d'énergie nucléaire comme la France, des précautions particulières sont prises pour le stockage de l'uranium appauvri, même s'il est considéré comme peu radioactif à l'état naturel. Cependant, l'utilisation de ce métal à des fins militaires a, dans certaines conditions, des effets beaucoup plus dangereux pour l'homme et l'environnement. En effet, projetées à cette vitesse, les munitions dégagent une chaleur d'environ 500 °C au moment de l'impact contre la cible et explosent. Mais l'uranium appauvri est également pyrophorique : porté à une telle température, il s'enflamme. Il libère alors des micro-particules radioactives, et, tout aussi dangereuses, des poussières toxiques chimiques de type métaux lourds comme le plomb ou le mercure. Chimiques ou radioactives, ces micro-particules suspendues dans l'air sont transportées par le vent sur de vastes zones. Lorsqu'elles retombent, elles peuvent être inhalées ou ingérées par les animaux et les humains, contaminent les nappes phréatiques et, en fin de course, la chaîne alimentaire, avec des effets à long terme dont il est aujourd'hui prouvé qu'ils risquent d'être catastrophiques pendant des milliers d'années, voire des millions.

Les « sales usines »

Aux États-Unis, les usines de fabrication de munitions à l'uranium appauvri sont considérées comme les pires usines américaines. On les appelle les « dirty plants », les « sales usines ». En 1980, les ouvriers de TNS à Jonesboro (Tennessee), qui ne traite que de l'uranium appauvri, se sont rendus célèbres par la grève qu'ils ont menée pour faire reconnaître le premier décès dû à la contamination. L'usine NL Industries à Colonie (État de New York), devenue la cible des actions des ouvriers et d'une campagne massive des résidents de la zone, fut fermée par le département de la Santé de l'État de New York. Dans l'usine NL Industries-Fernal Plant (Ohio) et celle de Cotter Uranium Mill dans le Minnesota, les syndicats ont, à la même époque, établi des statistiques significatives sur les maladies rénales chez les ouvriers exposés à l'uranium appauvri. Dans le Minnesota, également dans les années 1980, s'est posé le problème de la haute toxicité de l'eau à proximité d'un site d'essai. Dans le Dakota du Sud, le projet d'installation d'un site d'essai par la compagnie Honeywell Bull a entraîné une violente réaction de la population qui a vu les Indiens Sioux s'unir avec les éleveurs pour empêcher cette implantation. En avril 1989, le département d'État à l'Environnement transmettait un rapport au gouverneur de l'Indiana expliquant les difficultés à nettoyer le site d'essai «Jefferson Proving Grounds» où plus de 60 tonnes de munitions à l'uranium appauvri avaient été testées à cette date. Pendant trente ans, le site Lake City Army Ammunition Plant, près de Kansas City, dirigé par la firme Remington Arms, a été le lieu d'expérimentations laissant environ quatre tonnes de débris d'obus sur le sol et des dizaines d'hectares de terre contaminée. On compte aux États-Unis plus de 80 sites civils ou militaires de recherches et développement, d'essais, de production, d'assemblage, ou de stockage liés à l'uranium appauvri.

La découverte du professeur Gunther

C'est à partir des déclarations publiques du professeur Sigwart Gunther que les autorités irakiennes ont appris la présence d'uranium appauvri sur le sol irakien. Président de la «Croix Jaune Internationale», organisation humanitaire basée en Autriche, il s'était rendu en Irak dès la fin de la guerre. «Le 7 mai 1991 (deux mois après le cessez-le-feu), expliquait-il, j'ai trouvé sur l'autoroute, dans le désert, des débris de projectiles de la taille d'un cigare qui ont retenu mon attention, car ils avaient une forme et un poids bizarres. Dans cette région, des colonnes de réfugiés, de camions et autres véhicules fuyant la capitale, avaient été soumis aux attaques des avions A10 équipés de ce type de munitions. Plus tard, dans un village, j'ai vu des enfants jouer avec ces projectiles. J'ai appris qu'une petite fille qui en possédait était morte de leucémie. Tout cela m'a incité à faire analyser une de ces munitions par quatre institutions allemandes différentes. Les résultats ont montré une radioactivité de 11 mSv[1] par heure. La police allemande a saisi le projectile

1. Il existe trois mesures de radioactivité, le becquerel, le gray et le sievert plus usuellement mentionné en millisievert. Les directives européennes fixent à 5 mSv par an et par personne la limite annuelle d'incorporation (L.I.A.).

avec toutes les précautions de manipulation et de transport que l'on prend avec un élément radioactif. Douze de ces munitions représentent une radioactivité de 132 mSv par heure alors que, en Allemagne, l'exposition maximale admise est de 5 mSv par an. Depuis 1991, je n'ai pas cessé d'avertir des dangers de l'uranium appauvri pour la population. Malheureusement, à l'époque, peu nombreux furent ceux qui m'ont cru. Aujourd'hui, on entend parler d'étranges maladies parmi les Vétérans de la guerre du Golfe qui pourraient être attribuées à l'uranium appauvri : perte de cheveux, maladies de peau, malformations chez les bébés, cancers, etc. »

Par la suite, à ce témoignage, sont venues s'ajouter de multiples enquêtes. Dans son rapport de 1992-1993, par exemple, Greenpeace rapportait également les propos du docteur Eric Hoskins qui s'est rendu de nombreuses fois en Irak après la guerre : « Si le lien entre l'uranium appauvri et l'augmentation du taux de cancers chez les enfants irakiens ne peut être objectivement prouvé, la dégradation de l'environnement provoquée par les milliers d'obus radioactifs dispersés sur l'Irak inquiète les spécialistes de l'environnement et de la santé. »

Les premiers Vétérans britanniques

Deux ans après la découverte du professeur Gunther en Irak, à des milliers de kilomètres de là, Darren et Julia Office ont été les premiers Britanniques à s'inquiéter des conséquences de l'uranium appauvri sur la santé. À sa naissance en 1993, leur fille, Kimberley, présentait des malformations congénitales graves auxquelles elle n'a pas survécu. Darren Office a alors contacté des soldats qui étaient dans son unité durant la guerre du Golfe. Il a constaté que parmi les 27 membres de son groupe, trois avaient eu des nouveau-nés présentant des malformations du même type. Darren Office était pendant la guerre du Golfe combattant du Queen's Royal Irish Hussars. Les derniers jours du conflit, il se trouvait sur la route de Bassora massivement bombardée par les avions A10. C'est la démarche de Darren Office, soutenue par la suite par les organisations de Vétérans, qui a obligé, en 1998, le ministère britannique de la Défense à mettre en œuvre une étude pilote menée par l'unité de recherches sur le Syndrome de la guerre du Golfe (Guy's, King's et Saint Thomas Medical School) à Londres. 3 297 questionnaires ont été envoyés à des anciens combattants ayant servi pendant le conflit, portant sur leur santé physique et mentale ainsi que sur leur environnement familial, leurs habitudes alimentaires, leur consommation d'alcool et de tabac. À l'instar de l'enquête du comité présidentiel américain, il s'agit d'une enquête épidémiologique statistique qui conclut : « Rien dans nos recherches ne vient étayer la thèse d'une exposition à un risque environnemental spécifique. »

Les Britanniques produisent ce type d'armement dans le cadre d'un programme militaire lancé en 1979. Ils ont cependant mis longtemps à le reconnaître publiquement et ont nié dans un premier temps avoir utilisé des armes à l'uranium appauvri pendant la guerre du Golfe. Le 14 juin 1993, cependant, le secrétaire d'État britannique à la Défense, M. Haley, était obligé de répondre aux questions écrites posées à ce sujet par plusieurs députés au nom des Vétérans britanniques. Une des réponses nous intéresse particulièrement. À la question : « Sur quels sites du Royaume-Uni et à l'étranger, les forces armées britanniques ont-elles testé les obus pénétrants à l'uranium appauvri ? », le secrétaire d'État répond : « Depuis que le programme a été autorisé et annoncé (1979), tous les tirs d'uranium appauvri du Royaume-Uni, à l'exception d'une petite quantité de balles de petit calibre testées dans le centre d'essai de West Freugh en 1988 et 1990, ont été pratiqués sur les sites d'Eskmeals ou de Kirkculbright. Le ministère de la Défense a aussi procédé à des tirs d'essai d'obus pénétrants à l'uranium appauvri à White Sands (État du Nouveau-Mexique) et Aberdeen (État du Maryland) aux États-Unis, et à Gramat en France. »

Le secrétaire d'État à la Défense déclarait également dans sa réponse écrite qu'« un très bas niveau de radioactivité a été détecté à Eskmeals et Kirkculbright (les deux sites d'essais britanniques). Dans les deux cas, les niveaux détectés sont inférieurs à ce qui pourrait être considéré comme dangereux pour la santé de ceux qui travaillent sur le site ou pour les riverains ». Réponse très « officielle » car, en juillet suivant, lorsque les rapports sur les contrôles radioactifs ont été rendus publics, il est apparu que les niveaux de radioactivité retenus comme référence de « doses acceptables » avaient été surévalués et que la contamination dans et hors du site était en réalité suffisamment élevée pour être prise en considération et que l'on s'en inquiète. En outre, le 13 novembre 1989, un tir de munitions à l'uranium appauvri sur le site de Dundrennan atteignait par erreur les falaises rocheuses à proximité. On a relevé par la suite une concentration locale d'uranium appauvri dépassant largement les limites fixées par le ministère de la Défense. Selon le bulletin *Nucnews* du 25 avril 1999, les populations riveraines du site d'essai de Dundrennan présenteraient actuellement le plus fort taux de leucémie infantile du Royaume-Uni.

L'uranium appauvri continue d'être utilisé dans la fabrication des nouveaux véhicules de combat et des munitions britanniques. Le 16 mars 1998, au nom du ministère britannique de la Défense, Alan Casson, responsable de l'unité maladies des Vétérans du Golfe (Gulf Veterans' Illnesses Unit), répondait aux questions posées par le rabbin de la synagogue Menorah à Manchester, le docteur Michael Hilton. « Nous ne prévoyons pas dans l'immédiat de retirer les munitions à l'uranium appauvri de notre arsenal, écrivait-il. Bien sûr, les nouvelles munitions de nos Challenger 2 connus sous le nom de Charm 3, qui entreront en service en 1999, contiendront aussi un cœur en uranium appauvri. Il n'existe pas de métal permettant une force de pénétration équivalente et aussi satisfaisante pour détruire les chars modernes des grandes batailles. Des recherches de matériaux alternatifs sont en cours mais aucun n'a, jusqu'à présent, démontré un potentiel significatif. » La société d'armement britannique Royal Ordnance, filiale de British Aerospace, fabrique aujourd'hui les munitions de 120 mm à l'uranium appauvri dans ses usines de Wolverhampton et de Chorley.

En France aussi

Sur l'uranium appauvri qui est un composant de métal pour durcir des obus de blindés, je rappelle qu'il ne s'agit aucunement d'un élément provoquant des radiations. Nous avons des munitions pour le Leclerc comportant de l'uranium appauvri. Les règles de manutention sont inspirées de celles qui s'appliquent là où l'on utilise de l'uranium. Cela concerne très peu de personnel. Ces munitions n'ont jamais été employées par nous en opérations. Il n'y a pas de signe d'emploi au Kosovo qui ait affecté le personnel français. La seule expérience qui existe concerne des Américains, victimes de tirs fratricides dans la guerre du Golfe – et ils sont suivis régulièrement. – Alain Richard, ministre de la Défense, interview, *Le Figaro*, 30 août 2000.

Les Français ont ignoré jusqu'à récemment que la France produisait des armes à l'uranium appauvri. L'information sur les essais britanniques effectués à Gramat, dans le Lot, est passée à l'époque totalement inaperçue. En 1996, le rapport annuel de l'Agence nationale pour la gestion des déchets radioactifs (Andra) répertoriait, en effet, le Centre d'études de Gramat (Ceg) parmi les 1 083 sites français – centrales nucléaires, usines de retraitement, hôpitaux, laboratoires de recherches et autres – contenant des déchets radioactifs. Le Ceg qui dépend de la délégation générale pour l'Armement (Dga) couvre un immense périmètre du Causse de Gramat, dans le Lot, bien connu des spéléologues pour ses gouffres et ses boyaux creusés par l'eau dans la roche calcaire qui caractérise cette région du sud-ouest de la France. C'est un centre dont certaines activités sont couvertes par le secret-défense. À l'intérieur, entre autres installations, a été construite une énorme bulle blanche étanche nommée Athena, dans laquelle on procédait (officiellement les essais ont cessé) à des essais sensibles dont les tests de munitions à l'uranium appauvri. Il s'agissait d'étudier l'impact des projectiles à l'uranium appauvri sur des cibles à une vitesse supérieure à 2 500 m/seconde. Après la publication du rapport de l'Andra [1], l'association DIRE, qui se préoccupe de la protection de l'environnement dans le Lot, a cherché à en savoir plus et a interrogé les responsables du Ceg. Réponse officielle : « Il s'agit de produits résultant d'expérimentations scientifiques en laboratoire mettant en œuvre de l'uranium appauvri. Ce matériau est utilisé comme un métal classique dans les études conduites par le Ceg sur les blindages. L'uranium appauvri constitue aujourd'hui dans le monde un composant pour les munitions modernes (projectiles, flèches par exemple) en raison de sa haute densité. Il représente dans cet état une activité radioactive inférieure au minerai naturel. Des précautions spécifiques sont prises pour le stockage. Ainsi le stockage intermédiaire est fait dans des fûts normalisés. Un traitement périodique est effectué par une société agréée. Des déblais argileux susceptibles d'avoir reçu des résidus d'expériences telles que décrites ci-dessus sont en cours de traitement et d'évacuation. Ils ne figureront plus au répertoire en 1997. » Si l'uranium appauvri représente « dans cet état » une activité radioactive inférieure au minerai naturel, alors, peut-on se demander, pourquoi tant de précautions ?

En 1994, la revue française *Damoclès* éditée par le Centre de documentation et de recherche sur la paix et les conflits, dirigé

---

1. L'inventaire 1995 de l'Andra précisait que le Ceg de Gramat contenait des matériaux solides contaminés et de l'uranium appauvri (environ 25 tonnes), 20 caisses de polyéthylène (6,5 tonnes), 50 tonnes d'acier contaminé, 40 kg de débris de projectiles après tirs, 1 000 m^3 environ de terre et déblais. Où sont passées les eaux de nettoyage contaminées ?

par Bruno Barrillot, relevait, dans le rapport de l'Andra de cette année-là, la présence « de déchets résultant de tirs d'essais d'obus-flèches à l'uranium appauvri » sur le site de l'établissement technique de Bourges, et d'uranium appauvri sur le site d'applications militaires du Commissariat à l'énergie atomique (Cea) à Moronvilliers. À nouveau, en 1998, alors qu'à cette époque les autorités françaises se défendaient officiellement de produire ce type d'armement, la même revue étudiait de près le budget de la défense et découvrait que l'établissement de Giat Industries à Salbris « attend de finir sa production de 60 000 obus de 120 mm à l'uranium pour fermer ses portes ». Dans son bulletin d'octobre 2000, elle publie à nouveau un dossier spécial sur ces armes. On y apprend que Giat Industries fabrique deux modèles de munitions antichars à l'uranium appauvri. L'un pour les canons F1 du char de combat AMX-30, dont le pénétrateur (c'est ainsi que l'on nomme la tête de l'obus en uranium appauvri) peut transpercer des blindages de 540 mm à une distance de 2 000 mètres. Le second modèle peut percer un blindage de 640 mm à une distance de 2 000 mètres. C'est la « flèche » du char Leclerc.

En 1991, l'École française de défense nucléaire, biologique, chimique de l'armée de terre faisait à ce titre un bilan de l'engagement français dans la guerre du Golfe. Un cours paragraphe fait allusion à la menace nucléaire. « Face à celle-ci évoquée un temps dans la possibilité d'épandage par avion ou missile de déchets radioactifs, les unités disposaient de moyens plus que suffisants[1]. D'autres appareils “plus pointus” sont arrivés sur le territoire, mais le risque était infime. » Les informations concernant le fonctionnement de ces appareils sur le terrain sont classées secret-défense.

Le service de radioprotection des armées du ministère de

1. DOM410, JOK420, JER405.

la Défense a, quant à lui, réuni depuis la guerre du Golfe un volumineux dossier scientifique et technique concernant l'uranium et l'uranium appauvri à partir des documents existant sur le sujet. Dans la *Fiche de synthèse du dossier technique sur l'impact sanitaire de l'uranium appauvri*, on peut lire : « La radioactivité de l'uranium appauvri est faible et de l'ordre de celle rencontrée dans certains milieux naturels. Sa toxicité chimique est comparable à celle des autres métaux lourds (notamment en ce qui concerne l'atteinte rénale). (...) Sur un théâtre d'opérations, des moyens de contrôle peuvent être déployés et un plan de surveillance mis en place en cas de suspicion d'une contamination du personnel ou de l'environnement, par exemple à la suite d'un emploi intensif de ce type de munition. (...) Le devenir biologique de l'uranium est variable selon la voie de transfert à l'homme, et sa forme chimique. Le rein, le squelette, le poumon (en cas d'inhalation) sont les principaux organes cibles. » En conclusion, « ce travail bibliographique, dit la fiche, a permis d'établir la position française concernant les effets sur la santé de l'uranium appauvri. Cette position se résume ainsi : les risques liés à la manipulation de l'uranium naturel sont connus. La manipulation de l'uranium naturel et appauvri fait l'objet d'une réglementation appliquée en milieu industriel, impliquant la surveillance médicale des travailleurs. Aucune pathologie spécifique liée à cette manipulation n'a été démontrée. À ce jour, les études consécutives à l'emploi des munitions contenant de l'uranium appauvri, notamment au cours du conflit du Golfe, n'ont pas permis de mettre clairement en évidence des pathologies spécifiques à l'uranium appauvri ». La fiche précise que « les analyses effectuées jusqu'à présent chez les travailleurs exposés à l'uranium appauvri, ainsi que les personnels soit au retour de la guerre du Golfe soit au Kosovo se sont situées en dessous de ces limites et n'ont jamais donné de valeurs significatives ». Reste à préciser, ce que ne fait pas cette fiche, qui a été examiné, selon quels critères et quelles méthodes. On peut supposer que ce document s'inspire directement des études du ministère américain de la Défense publiées après la guerre du Golfe visant à nier le danger de l'uranium appauvri lorsqu'il est utilisé dans l'armement et dans les conditions décrites plus haut.

Lorsque j'ai contacté le Ceg, après m'être rendue à Gramat en 1998, j'ai demandé des précisions. A-t-on procédé à des analyses de radioactivité ou de toxicité chimique de la terre et de l'eau, sachant que le site, situé en hauteur, est parcouru par un grand nombre de filets ou cours d'eau souterrains ? Qu'a-t-on fait des résidus des nettoyages (eau, matériel, etc.) du laboratoire d'essai ? Le personnel était-il protégé ? Quelle quantité d'uranium appauvri a-t-on testée ? Que signifie « une radioactivité inférieure au minerai naturel » ? La seule réponse que j'ai pu obtenir est que « l'uranium appauvri ne présente aucun danger ».

En 1999, j'ai écrit au Bureau de la communication et de l'information du service de santé des armées (BCISSA) de l'armée française. Je demandais, entre autres : « Comment peut-on être certain qu'aucun soldat français n'a été contaminé par les effets des munitions à l'uranium appauvri largement utilisées sur le champ de bataille ? A-t-on procédé à des analyses précises (d'urine notamment), à un suivi des soldats qui ont pu se trouver dans les zones contaminées ? » Après plusieurs relances et plusieurs mois d'attente, j'ai reçu le 2 avril 2000 des réponses à mes questions, ou plutôt des « non-réponses ». Entre autres, « le service de santé des armées ne dispose pas des éléments pour répondre à votre demande sur l'existence de textes réglementaires sur l'utilisation d'uranium appauvri et sur un éventuel spécialiste en la matière. Pour tout renseignement complémentaire vous pouvez adresser votre demande à Monsieur le Délégué à l'information et à la communication de la défense. »

Des scientifiques français se sont exprimés sur les dangers de l'uranium appauvri dans l'armement. C'est le cas de Pierre

Roussel, chercheur au Cnrs-Institut de physique nucléaire d'Orsay. Le 22 novembre 1999, il rendait publique une étude intitulée *L'Uranium et les armes à l'uranium appauvri* qu'il concluait de la manière suivante : « Avec des hypothèses très raisonnables et certainement pas maximalistes, nous avons montré que l'emploi d'obus utilisant une charge d'uranium appauvri conduisait à des dangers durables pour l'environnement et les populations civiles voisines. Ce danger résulte d'abord de la fraction de l'obus dispersée en poussières contaminantes. Si le danger concernant la partie de la charge restée en bloc est moindre, c'est à condition que ces blocs soient récupérés rapidement par des institutions compétentes. »

Aux États-Unis : Qui va là ? Ami ou ennemi ?

Aux États-Unis, c'est avec l'affaire des « dommages collatéraux » que les autorités ont été obligées de reconnaître malgré elles l'utilisation d'armements à l'uranium appauvri lors de la guerre du Golfe. L'expression « dommages collatéraux » a été largement utilisée durant la guerre en ex-Yougoslavie pour désigner les « bavures », les bombardements « par erreur » de populations civiles. Il fallait trouver un nom politiquement correct à ces actes violant les conventions internationales et que l'on ne pouvait cacher à l'opinion publique. Le champ de bataille se situait, en effet, en plein cœur de l'Europe et il était beaucoup plus difficile pour l'état-major de l'Otan de maîtriser l'information et les médias comme le haut commandement l'avait fait lors de la guerre du Golfe. Nul besoin de donner un nom aux massacres des populations civiles irakiennes puisque nous n'en étions pas informés. À une exception près, le bombardement de l'abri civil souterrain d'Al Amiriya dans la banlieue de Bagdad. La fameuse « frappe chirurgicale » qui devait éliminer Saddam Hussein censé s'être réfugié dans cet abri fit plus de 400 morts, des vieillards, des femmes et des enfants. La presse internationale était présente et rapporta ce fait de guerre.

Dans le contexte de la guerre du Golfe, l'expression « dommages collatéraux » apparaît pourtant. Les premiers rapports de l'armée américaine désignent ainsi les erreurs de tirs ou « tirs ami », sol-sol, air-sol, mer-mer ou sol-mer, entre unités américaines durant les deux phases de l'offensive, « Bouclier du désert » et « Tempête du désert ». Dans son édition du 26 juillet 1993, le *Army Times*, journal officiel de l'armée américaine, faisait état de 615 victimes au sein de l'armée dont 148 morts. Cet article se fondait sur une étude intitulée *Qui va là ? Ami ou ennemi ?*, réalisée en 1992 par le Bureau d'évaluation technologique du Congrès. Parmi les 148 morts, 34 sont attribués aux tirs amis, dont 15 par armes à l'uranium appauvri. Au total 29 véhicules ont été contaminés sur le champ de bataille. 21 d'entre eux (6 chars Abrams et 15 véhicules de combat Bradley) ont été pénétrés par des munitions à l'uranium appauvri. Le 26 février, par exemple, on enregistre 5 tirs entre chars et véhicules de combat, faisant 5 morts et plusieurs blessés ; le 27, durant l'attaque de nuit sous la pluie, 6 erreurs de tir font 13 morts et une quarantaine de blessés. Des missiles américains sont également tombés sur des véhicules de combat, des frégates, une station radar, et ont attaqué des avions américains. Le 17 janvier 1991, premier jour des bombardements intensifs, 2 soldats ont été tués et 6 blessés dans leur véhicule de combat Bradley touché par un missile Hellfire (uranium appauvri) tiré d'un hélicoptère Apache. Le 23 février, un missile Harm lancé d'une source non déterminée touche une unité de radar faisant 1 mort et 1 blessé, le 27 février, à plusieurs reprises des véhicules de combat Bradley sont détruits par des tirs de char M1A1 (uranium appauvri). On enregistre également plusieurs erreurs au cours de l'offensive, de la part des avions A10.

Cette étude stipule qu'« il est impossible de prévoir le nombre de décès ultérieurs parmi les soldats portant des éclats d'uranium appauvri dans leur corps ». Après la guerre, une partie du matériel américain contaminé a été transportée du champ de bataille à la base appelée Cité militaire du Roi Khaled (KKMC) où les unités françaises ont stationné avant et après l'offensive. Des équipements irakiens contaminés ont été, curieusement, transportés vers les ports d'Arabie saoudite pour être envoyés aux États-Unis. Dans quelles conditions, nul ne le sait ou ne le dit...

En janvier 1992, sous la pression des associations d'anciens combattants, Ron Wyden, représentant au Congrès, posait des questions à propos des véhicules touchés par des munitions à l'uranium appauvri. Aussitôt, le General Accounting Office [1] lançait une enquête. En mars 1992, le service de santé de l'armée, qui jusque-là était resté silencieux, recommandait l'identification des soldats qui portaient des éclats d'uranium appauvri dans leur corps « pour observer et cataloguer les signes de toxicité rénale chronique et de cancer ». Le rapport final du GAO, intitulé *L'Armée mal préparée à l'utilisation de l'uranium appauvri*, publié en 1993, demandait à son tour « l'examen de tous les membres d'équipage des véhicules pénétrés par des munitions UA ». Le service de santé déclara alors que seuls 35 soldats étaient concernés et que les examens débuteraient en juillet 1993. Pendant les cinq années suivantes, le nombre des soldats réellement contaminés n'a jamais été publié par les autorités militaires qui s'en sont tenu, envers et contre tous les rapports indépendants, voire, pour certains, institutionnels, au chiffre de 35. Ces soldats ont été suivis par le « Programme Uranium Appauvri » mis en place par le centre médical des Vétérans à Baltimore en 1996.

Cinq ans après la guerre, la moitié des 35 soldats mis en observation présentait encore un taux élevé de radioactivité dans les urines. Compte tenu de la façon dont ils furent traités, les associations de Vétérans estimèrent alors que ces soldats avaient

1. Bureau d'investigation du Congrès américain.

été utilisés comme des « souris de laboratoires », après coup. De son côté, en 1997, le docteur Melissa McDiarmid, directeur du Programme Uranium Appauvri, protestait contre la persistance de l'armée à ne pas donner de chiffres exacts et, surtout, à refuser que tous les soldats concernés, blessés ou non, soient examinés et soignés.

L'incendie de Doha

Située près de la ville d'Al Jahrah, non loin de Koweït City, Doha est une base américaine installée au Koweït depuis sa libération. Cinq mois après la fin de la guerre, le 11 juillet 1991, à 10 heures 20 exactement, un véhicule chargé de munitions prenait feu dans un hangar de la base. Pendant six heures, d'autres véhicules de combat également chargés de munitions ont brûlé et explosé. 40 millions de dollars partis en fumées toxiques. L'incendie a duré 24 heures.

3 500 soldats du 11e régiment de cavalerie ainsi qu'un contingent de soldats britanniques étaient présents sur les lieux. Officiellement, l'incendie a fait une soixantaine de blessés « accidentels ». Mais, parmi les véhicules de combat, 4 chars Abrams M1A1 chargés en munitions à l'uranium appauvri ont été détruits ainsi que 660 obus de 120 mm et 9 720 de 25 mm contenant de l'uranium appauvri représentant au total plus de 5 tonnes de ce métal. Compte tenu de la chaleur dégagée par l'incendie, on peut imaginer que des particules toxiques avaient été libérées par le métal en flammes. C'est ce qu'a confirmé une équipe militaire spécialisée en contamination radiologique (Radcom) envoyée à Doha après l'incendie : « La contamination radiologique semble être confinée dans des endroits spécifiques des surfaces de ciment et sur certains véhicules, note son rapport. Des niveaux élevés de contamination par l'uranium appauvri, supérieurs aux normes admises, ont été détectés. Dans certains cas, il n'a pas été possible de déterminer si la contamination venait des munitions ou des blindages contenant l'UA. »

En même temps que cette équipe arrivait sur le site, une note précisait que « lorsqu'il brûle, l'uranium appauvri produit des radiations alpha. Les particules d'uranium peuvent présenter un risque lorsqu'elles sont inhalées. » Il était notifié au 11e régiment de traiter la zone selon le protocole appliqué à une zone à risque chimique, ne pas rester « sous le vent » et porter des tenues de protection. Cependant, les personnels en place n'ont pas été informés de cette note. Pendant une semaine, ils ont procédé au nettoyage du site sans aucune protection. Plusieurs soldats ont été également chargés de nettoyer le hangar dans les mêmes conditions pendant une journée. À plusieurs reprises, certains ont bu de l'eau d'un jerrycan placé sur des bidons sur lesquels, à la fin de la journée, des officiers sont venus coller des étiquettes « radioactivité » : ils contenaient des débris de munitions à l'uranium appauvri « endommagées par oxydation ». Les rapports constatent qu'il y avait un vent fort à cette période et nul ne sait aujourd'hui combien de personnes civiles ou militaires ont inhalé ou ingéré des particules toxiques, radioactives ou chimiques, pendant et après l'incendie, ni dans quelle mesure ces particules ont pu se déposer dans la nature, contaminant l'environnement et menaçant la chaîne alimentaire. Aucun contrôle de radioactivité de l'air n'a été effectué par l'équipe venue contrôler le site de Doha. De plus, note Dan Fahey [1], auteur d'une grande enquête sur l'utilisation de l'uranium appauvri pendant la guerre du Golfe, une grande partie des

---

1. Dan Fahey est un dirigeant de l'association de Vétérans Swords to Plowshares, et membre de la direction du Centre national de Ressources sur la guerre du Golfe. Il est également membre du Military Toxics Project's Depleted Uranium Citizen's Network, un réseau d'équipes de chercheurs et d'associations qui s'opposent à tous les projets militaires d'armements chimiques, nucléaires, biologiques et, aujourd'hui, électromagnétiques et autres inventions d'une science meurtrière qui n'a rien de « fiction ». Dans son étude intitulée *Don't look, don't find* (Qui ne cherche rien, ne trouve rien), publiée fin 1999, Dan Fahey évalue à 122 le nombre des Vétérans contaminés dans le seul incendie de la base de Doha.

documents concernant cet incendie ont disparu. En revanche, lorsque deux mois plus tard des équipes d'entreprises privées, dont une française, se rendirent à Doha pour terminer le nettoyage et s'assurer de la décontamination du site, tous les ouvriers et les techniciens portaient des masques, des gants, des combinaisons de protection réglementaires.

Selon Dan Fahey, on ne connaît pas non plus le nombre exact des victimes parmi les soldats de la 144e compagnie de la garde nationale et de la 24e division d'infanterie mécanisée chargées après la guerre de réparer, sans protection, les véhicules de combat détruits ou endommagés par les « tirs amis » dont certains étaient contaminés. En 1993, le GAO (General Accounting Office) a interviewé des soldats de deux unités qui « avaient travaillé dans et autour de matériels de combat contaminés sans connaître les caractéristiques des munitions à l'uranium appauvri, les risques potentiels de contamination et sans les précautions nécessaires ». Le GAO a évalué alors à 27 le nombre des soldats de la 144e compagnie ayant pu être contaminés et un nombre « non précisé » de la 24e division. « Pendant les deux dernières années, dit Dan Fahey, je n'ai pas cessé de demander cette information au Bureau de l'assistant spécial pour les maladies du Golfe, au Bureau du médecin-chef de l'armée et à d'autres, mais j'ai compris qu'ils n'aimaient pas parler du passé. Je n'ai rien obtenu à ce jour. » Seul le comité-conseil présidentiel dans son rapport final parle d'« environ deux douzaines » de soldats. En août 1998, finalement, le Pentagone a estimé qu'en plus des 27 soldats de la 144e, 88 à 126 soldats et personnels civils techniques avaient pu être exposés, contredisant, une fois de plus, les rapports fédéraux.

Le cimetière d'Udaïri

C'est dans une zone désertique de l'ouest koweïtien, appelée par les GI's américains le « cimetière d'Udaïri », qu'a été regroupée une grande partie de ces équipements. Au nord du site, une zone de combat a été conservée telle qu'elle était après le cessez-le-feu. Elle sert de camp d'entraînement en données réelles aux GI's et aux Marines. Le « Udaïri Training Range » est truffé de blindés irakiens (pour la plupart des T54, T55 et T72 soviétiques) et de véhicules blindés de transport de troupes. Bien que les autorités koweïtiennes aient assuré qu'il n'y avait aucune trace de contamination dans la zone d'Udaïri, en novembre 1994, des contrôles effectués par l'armée américaine sur les chars ont montré des doses vingt à vingt-quatre fois supérieures aux normes admises. En revanche, aucun contrôle n'a été effectué dans le camp d'entraînement lui-même. En 1998, de nouveaux contrôles ont été réalisés sur la zone mais, une fois de plus, en dehors du camp d'entraînement. Pour les associations de Vétérans, il ne fait pas de doute que cette « lacune » est intentionnelle. Depuis neuf ans, plusieurs milliers de soldats américains se sont entraînés sur ce site et ont pu inhaler ou ingérer des particules toxiques. Mais sans réel contrôle, nul ne peut l'affirmer ou l'infirmer. Ce qui laisse une nouvelle fois aux autorités militaires la possibilité de contester la réalité du risque et ses conséquences sur la santé des hommes.

La bataille des chiffres : « Qui ne cherche rien, ne trouve rien »

Depuis 1992, les Vétérans et les autorités américaines se sont livrés une véritable bataille de chiffres. Jusqu'en mars 1998, le Pentagone a continué d'affirmer que la contamination par l'uranium appauvri ne concernait que 35 personnes. Mais à cette époque, la « dé-classification » de certains documents concernant la guerre du Golfe a permis d'accéder à d'importantes informations. Le chercheur américain Dan Fahey a ainsi pu faire aboutir la longue enquête qu'il menait depuis 1992 sur le Syndrome de la guerre du Golfe et l'uranium appauvri.

Les chiffres révélés, documents à l'appui, ont obligé le Pentagone à reconnaître son « erreur » et Bernard Rostker, directeur du Bureau du secrétaire adjoint à la Défense pour les maladies de la guerre du Golfe, fut chargé d'annoncer publiquement le chiffre de 113 personnes contaminées. Si, avec la déclaration de Bernard Rostker, les organisations de Vétérans ont alors pensé avoir gagné une petite bataille, ils n'avaient pas, pour autant, gagné la guerre. Cinq mois plus tard, une « unité spéciale d'investigation » du ministère de la Défense revenait au chiffre de 36 alors qu'un article du même ministère faisait état d'une liste de 68 cas répertoriés en... 1992, brouillant à nouveau les cartes.

La bataille des chiffres qui se poursuit aujourd'hui peut paraître dérisoire mais il n'en est rien. Elle permet aux autorités militaires américaines de masquer la vérité, comme elles l'ont fait et le font encore sur d'autres aspects du « Syndrome de la guerre du Golfe » et de gagner du temps. « Les chiffres truqués concernant les Vétérans victimes des "tirs amis" jettent le doute sur toutes les déclarations faites ensuite par le Pentagone sur l'uranium appauvri », dit Dan Fahey. Quelles que soient les raisons de cette attitude, il est clair que le nombre de soldats potentiellement exposés à l'uranium appauvri est beaucoup plus élevé que ce qu'affirment les rapports fédéraux et le Pentagone, estime-t-il. Il y a quelques mois, le Pentagone a annoncé qu'il allait entreprendre un nouveau programme de recherches à partir de tirs réels pour lequel il consacrera 5 millions de dollars. « Trop peu, trop tard », estiment les associations de défense qui ne veulent plus attendre indéfiniment la reconnaissance de leurs maladies. Cette bataille de chiffres est révélatrice de l'incroyable énergie dépensée par les associations de Vétérans et leurs conseils scientifiques pour faire établir la vérité et obtenir, aussi et surtout, un protocole médical adapté et un programme de dépistage. « Si un Vétéran a un problème respiratoire ou développe un cancer dix ans plus tard ou souffre de troubles neurocognitifs dus à l'exposition à l'uranium appauvri ou autres toxines, le gouvernement a la responsabilité morale et le devoir légal d'aider le Vétéran et sa famille. Dans tous les cas où il y a un doute sur l'origine de la maladie, le bénéfice du doute doit être attribué aux Vétérans. »

Des Vétérans témoignent

Aux États-Unis, différentes associations de Vétérans ou institutions ont demandé aux Vétérans qui le désiraient de témoigner devant une commission du Congrès, afin de pouvoir établir un éventuel lien entre leur présence sur le terrain et les symptômes qu'ils ont développés par la suite. Voici quelques-uns de ces témoignages :

> « Il y a sept ans, le 2 mars 1998, la 1re brigade de la 24e division d'infanterie mécanisée a reçu l'ordre de prendre position sur le site pétrolifère de Rumayla, dans le sud de l'Irak, pour empêcher des unités de la division Hammurabi de la garde républicaine irakienne de s'échapper. À cette époque, je faisais partie d'une équipe de tank M1A1 (chargé et blindé en uranium appauvri) du 4e bataillon de la 64e division blindée, basé à Fort Stewart, Géorgie. Notre compagnie a été déployée sur une longue route où nous avons dû nous frayer un chemin dans la colonne de tanks, de camions et autres véhicules qui avaient été piégés sur la piste dans leur fuite vers le nord. Plus tard dans l'après-midi, alors que nous étions entourés par des véhicules détruits en train de brûler, un des tanks de la compagnie a été détruit. Des explosifs et des munitions à l'uranium appauvri contenus dans le char ont été projetés sur une zone d'environ 400 mètres autour. Nous avons été enveloppés d'un épais nuage de fumée et de poussière qui montait des véhicules. Plus tard, nous avons tiré deux obus d'uranium appauvri dans la tourelle du char pour neutraliser les munitions restées à l'intérieur afin de pouvoir nous en approcher en toute sécurité. Aucun de nous ne connaissait le danger de contamination

ou d'exposition à l'uranium appauvri. Nous n'avons pas été décontaminés. Nous n'avons pas été contrôlés. Nous n'avons subi aucun examen médical approprié. L'incident n'a pas été noté dans notre rapport de service ou dans le rapport médical de service. Six semaines plus tard, c'était comme si rien ne s'était passé. Aujourd'hui, je n'ai aucune idée de ce qui est arrivé à la majorité des collègues impliqués dans l'incident. Je ne sais pas où sont les autres membres de l'équipage ni quel est leur état de santé. Nous ne connaîtrons sans doute jamais la réponse à ces questions car les documents qui existaient ont probablement été détruits entre-temps. »

Charles Sheehan-Miles –
24e division d'infanterie mécanisée.
2 mars 1998.

«J'ai servi pendant la guerre du Golfe de février 1991 à mai 1991 dans la 64e compagnie de police militaire basée à Richmond, Californie. Je vis à Berkeley (Californie). Je suis invalide depuis la guerre du Golfe. Je crois avoir été exposée à l'uranium appauvri au cours d'une inspection du champ de bataille après le cessez-le-feu. Peu après la fin de l'offensive terrestre, le capitaine de notre compagnie a demandé des volontaires pour aller voir les champs de bataille du Koweït que l'on appelait "la vallée de la mort" et l'"autoroute de la mort", la route qui va de Koweït City à Bassora en Irak. Je suis partie avec environ 50 soldats de mon unité. J'en ai vu des centaines d'autres ce jour-là dans la zone, ils grimpaient sur les chars irakiens détruits. Je suis montée également, j'ai marché autour, et j'ai fumé et mangé près des chars irakiens et autres débris qui comme je viens de l'apprendre, avaient été détruits par des munitions à l'uranium appauvri. Je n'ai pas été une seule fois informée pendant mon service militaire des risques et des éventuelles conséquences. Depuis mon retour, j'ai eu beaucoup de problèmes de santé. Mes deux mains me font souffrir, je souffre de fatigue musculaire, de crampes et d'un état de faiblesse générale, de douleurs articulaires, de problèmes de dents, de migraines sévères et ma formulation sanguine est anormale. Il y a deux mois, on m'a demandé de participer à un test. Mais j'avais récemment appris que ce type de test n'était pas efficace pour trouver des traces de contamination sept ans après les faits. Je dois souligner qu'en dehors de l'uranium appauvri, j'ai été exposée à différents agents qui ont pu me rendre malade. J'ai reçu des vaccins et des pilules expérimentales, j'ai été exposée à des pesticides, à des faibles doses d'agents chimiques de combat, à la pollution des puits de pétrole en feu. Je ne crois pas que l'uranium appauvri soit la seule cause de mes problèmes de santé, mais je crois que cela a pu jouer un rôle non négligeable. Aujourd'hui, je suis très inquiète pour ma santé et pour la santé actuelle et future d'autres Vétérans. Je suis fatiguée des mensonges et de l'entêtement de mon gouvernement. C'est un problème très grave, l'armée devrait porter davantage d'attention à cette question avant qu'il ne soit trop tard. »

Cassandra Garner – 64e Compagnie de police militaire.
2 mars 1998.

« Nous avions 52 chars en ligne. Nous avons tiré sur les chars irakiens, les abris, les camions, tout ce qui était sur notre chemin. Une fois l'opération terminée, nous sommes revenus sur la zone de combat et nous sommes montés sur les véhicules qui étaient détruits. Nous voulions voir les dégâts que nos chars avaient faits et nous cherchions des souvenirs. Je savais que nous avions tiré des munitions d'UA, mais on ne nous avait jamais dit de rester loin des véhicules touchés. On a fumé, mangé sans se laver les mains. Après la guerre, nous avons vu des tas de types d'autres unités grimper aussi sur ces véhicules. »

Un soldat de la 2e division blindée.

« Notre commandant nous a envoyés chercher des camions de souvenirs. Nous avons conduit à travers des zones de combat et sur l'"autoroute de la mort", juste après les combats, mais tout était encore chaotique. Des types d'un tas d'unités différentes ont grimpé sur des carcasses de toutes sortes. Nous sommes montés sur des tanks irakiens et nous avons passé le doigt dans les trous que nous avions faits dans le blindage. Je sais maintenant qu'ils avaient été faits par l'impact de balles à l'uranium appauvri. Nous avons ramassé un camion entier de casques, de masques à gaz, de douilles et autres souvenirs. »

Un sergent du 123e détachement médical
(armée de réserve).

« Le 14 avril 1991, l'équipe uranium appauvri est partie par hélicoptère de la base KKMC pour le sud de l'Irak, pour évaluer les dégâts sur le tank et donner une assistance technique. En arrivant, nous avons vu l'équipe du tank sortir toutes les munitions du principal compartiment. Des obus d'uranium appauvri se trouvaient sur le sol, des membres de l'équipe travaillaient en haut du char... L'équipe UA a effectué des mesures radiologiques pour déterminer les niveaux de contamination. Nous avons trouvé des traces de contamination sur le sol, sur l'avant du char, au-dessus et dans le compartiment à munitions. Nous avons demandé à tous les soldats de l'équipe d'évacuer le char. Nous avons contrôlé tous les membres de l'unité exposés ou ayant touché des munitions. Plusieurs avaient les mains contaminées, l'un d'entre eux portait des traces de contamination dans une plaie ouverte... »

Rapport d'une équipe de maintenance (14 mai 1991).

Sara Flounders est co-fondatrice de l'International Action Center, organisation pacifiste et anti-raciste américaine créée en 1992, présidée par Ramsey Clark, ex-ministre américain de la Justice, sous le mandat du Président Johnson. Ce pacifiste internationalement connu s'est opposé, depuis sa démission, à toutes les guerres et opérations militaires américaines, Vietnam, Grenade, Panama, Nicaragua, Libye ou Somalie et bien sûr à la guerre du Golfe. J'ai rencontré Sara Flounders, Ramsey Clark et leurs amis en Irak en 1998. Ils y avaient organisé la visite de la première délégation de pacifistes américains, violant ainsi volontairement la loi qui interdit à tout citoyen américain de se rendre dans ce pays. Sous la banderole « *Challenge the sanctions* » (Défiez les sanctions), ils étaient venus en Irak accompagnés d'une soixantaine de personnalités de la société civile représentant la quasi-totalité des États américains pour constater les conséquences de la guerre et de l'embargo et rapporter ensuite des témoignages dans leur pays.

Dès 1992, Sara Flounders a auditionné plus d'une centaine de soldats et commencé les premières recherches sur le lien entre l'uranium appauvri et les maladies que présentaient certains d'entre eux. Dans le premier ouvrage publié par l'International Action Center en 1997 sous le titre *Metal of Dishonor, Depleted Uranium – How the Pentagon Radiates Soldiers and Civilians with DU Weapons* (Métal du déshonneur, uranium appauvri – Comment le Pentagone a irradié les soldats et les civils avec des armes à l'uranium appauvri), Sara Flounders publiait un des premiers témoignages de Vétérans sur cette question, celui de Carol H. Picou. Ce témoignage, Carol H. Picou l'exprime aujourd'hui à travers le monde. C'est en tant que sergent de première classe qu'elle a servi dans le 41e hôpital de campagne lors de la guerre du Golfe et s'est trouvée avec son unité sur l'« autoroute de la mort » juste après le bombardement massif. En 1993, Carol H. Picou était auditionnée par le Congrès américain sur le Syndrome de la guerre du Golfe. Mais, parce qu'elle avait exigé de savoir ce qui lui était arrivé et ce qui était arrivé à d'autres, il était mis fin à sa carrière en 1995, après dix-sept années de service. Depuis, Carol H. Picou a fondé avec d'autres l'organisation Mission Project-Military Issues Surfacing In Our Nation, une organisation de familles catholiques dont la mission est la recherche de la vérité sur les « maladies » de la guerre et d'aider les Vétérans en difficulté :

> « ... J'ai servi volontairement mon pays, dit-elle. J'étais volontaire par patriotisme. Je voulais aider. J'étais conseillère de santé sur la toxicomanie et l'alcoolisme auprès des Vétérans du Vietnam. Je suis ensuite devenue infirmière militaire. J'ai été envoyée en Allemagne, en Afrique, et même en Corée. J'ai passé sept ans à l'étranger. À mon retour aux États-Unis, j'ai renouvelé mon contrat le 1er août 1990 et j'ai été mise en état d'alerte dès le lendemain. J'ai été envoyée dans le Golfe. J'étais volontaire, c'est vrai...
>
> « (...) Nous avons été le premier hôpital de campagne à entrer en Irak, à aller à Bassora, à entrer au Koweït. Nous devions être présents à chaque combat pour soigner les blessés, les malades et poursuivre ensuite notre route. Lorsque l'offensive terrestre fut lancée, beaucoup de soldats irakiens se sont rendus. Nous leur avions donné toutes les raisons pour ça ! (...) Nous sommes entrés dans le désert irakien par une piste construite spécialement pour nous. Il y avait des munitions partout, des obus, des bunkers soufflés, et notre unité médicale de 150 personnes a traversé tout cela sans aucune protection. Nous étions sept femmes. Nous sommes toutes malades. Des 150 membres de notre

unité certains le sont également, d'autres sont morts. Les chars que nous avons vus sur la route et dans le désert n'étaient pas détruits mais brûlés. Les corps étaient carbonisés. Je n'avais jamais vu une chose pareille auparavant, alors que ce n'étaient pas les premiers chars ou corps brûlés que j'avais vus dans ma carrière. J'ai arrêté mon véhicule et j'ai pris des photos. J'étais très inquiète. Nous nous sommes dits : "C'est la route de l'enfer." On ne nous avait pas avertis de la contamination.

« Nous sommes restés dans un convoi pendant deux heures pour laisser passer des centaines de chars qui arrivaient en sens inverse. En nous dirigeant vers Bassora (ville du sud de l'Irak), nous avons monté notre hôpital en bordure de la route. Nous avons vu environ 150 Irakiens, civils, bébés, nomades qui avaient sauté sur des mines alors qu'ils conduisaient leurs troupeaux ; ils étaient pour la plupart en état de dénutrition ou de rétention urinaire. C'était incroyable. Nous les avons soignés et sommes restés là pendant quinze jours, entourés de tout un tas de pièces d'artillerie détruites. Au moment du départ, le commandant a décidé de faire sauter les bunkers. Nous avons dû rester, en cas de besoin. Quand j'étais en Irak, j'ai commencé à remarquer des taches noires sur ma peau. Je sentais un changement en moi. Je ne pouvais plus contrôler mes intestins ni mon sphincter. Ils m'ont dit que c'était mécanique et que je devrais faire des examens en rentrant chez moi. (...) À mon retour, j'ai effectivement commencé à poser des questions et j'ai eu peur pour ma carrière militaire. La suite a montré que j'avais raison. J'ai commencé à parler publiquement. Un "Vétéran atomique"[1] m'a dit

---

1. C'est ainsi que l'on appelle les 250 000 soldats (chiffres officiels américains) irradiés durant les expériences nucléaires américaines entre 1942 et 1963.

que j'étais empoisonnée par l'uranium appauvri. J'ai commencé à chercher ce que c'était et comment je pouvais vérifier que j'étais contaminée. Ils m'ont dit que c'était impossible car je n'avais pas été blessée par des "tirs amis". Mais puisqu'on peut ingérer ou inhaler des particules, les respirer, j'ai insisté. Nous avons eu des tempêtes de vent chaque jour en Irak, partout. En 1992, j'ai consulté un médecin civil. Son diagnostic : encéphalopathie due à l'exposition à une substance toxique, anomalies du système immunitaire, etc. L'armée n'a retenu pour mon invalidité que l'"incontinence urinaire et intestinale d'origine inconnue". Les médecins civils m'ont recommandé de faire des analyses d'urine spéciales mais m'ont avertie que cela coûtait très cher. En même temps qu'on m'a licenciée de l'armée, on m'a évidemment supprimé mon assurance maladie militaire. De plus, il fallait envoyer les échantillons à un laboratoire hors des États-Unis. J'ai contacté mon élu au Congrès et finalement j'ai été contrôlée en février 1994. Les résultats ont révélé la présence d'uranium. Mon médecin a minimisé l'affaire. Je suis allée à Washington et je me suis publiquement exprimée (...).

« Aujourd'hui, j'ai un grave problème de mémoire, j'ai une encéphalopathie d'origine toxique, j'ai une détérioration de la thyroïde, une dégradation musculaire. Je souffre d'incontinence de la vessie et des intestins et je ne peux pratiquement plus me servir de mes mains et de mes pieds. Le bébé de l'un des membres de notre unité est né sans oreilles, sans yeux et le cœur à droite. »

En 1998, Carol H. Picou s'est rendue en Irak avec son mari, pour y faire des recherches. Elle est allée dans la zone de Bassora où elle s'était trouvée sept ans plus tôt. Elle a constaté que les chars détruits restés sur place étaient bien radioactifs.

« Avons-nous été prévenus ? Non. Avons-nous été exposés à la contamination durant la guerre ? Pour l'instant, personne ne veut le reconnaître officiellement, c'est donc comme si nous ne l'avions pas été. Le département de la Défense m'a refusé les examens complets qui auraient permis d'apporter une réponse. »

Rencontre avec le professeur Durakovic

C'est à Amsterdam, en mai 1999, que j'ai rencontré Asaf Durakovic, professeur de médecine nucléaire, commandant d'unité du 531e détachement médical de l'armée lors de la guerre du Golfe et responsable du service de médecine nucléaire au centre médical du département des Affaires des Vétérans, à Wilmington (État du Delaware). De passage en Europe, Asaf Durakovic, également directeur du département de Médecine nucléaire à l'université de Georgetown de Washington, avait été invité par les responsables d'un collectif des victimes du crash de l'avion-cargo Boeing 747 de la compagnie israélienne d'El-AL, le 4 octobre 1992, sur la cité populaire de Bijlmer, dans la banlieue d'Amsterdam, alors qu'il venait de décoller de l'aéroport d'Amsterdam-Schipol. À l'occasion de notre rencontre, le professeur Durakovic, m'a fait part de l'attitude des autorités américaines à son égard. Chargé de suivre les examens de soldats du 144e New Jersey Transport and Resupply Corps, il avait envoyé 24 d'entre eux à la clinique médicale du département des Affaires des Vétérans (VA) de Boston et au laboratoire militaire de radiologie et de chimie du centre d'essai d'Aberdeen (Maryland). Alors que les recherches avançaient et qu'il avait mis en évidence des traces de radioactivité chez les soldats examinés, ses dossiers et ses échantillons furent détruits et, en février 1997, son poste fut brusquement supprimé « pour raisons de restrictions budgétaires ». À la même époque, deux médecins, les docteurs Burroughs et Slingerlan, perdirent également leur poste pour avoir demandé du matériel performant permettant de mener des recherches plus poussées et d'établir un diagnostic plus précis. Le 11 février 1997, Asaf Durakovic écrivait au Président Bill Clinton la lettre suivante (voir original en annexe) restée sans réponse.

Cher Président Clinton,

Je me permets de porter à votre attention le complot dont sont victimes les Vétérans des États-Unis.

Durant la guerre du Golfe persique, certains Vétérans ont été exposés à une contamination radioactive par l'uranium appauvri.

J'ai personnellement servi dans les opérations Bouclier du désert et Tempête du désert comme commandant d'unité du 531e détachement médical de l'armée. Après la guerre, j'ai été responsable du service de médecine nucléaire au Centre médical du département des Vétérans, à Wilmington, Delaware.

Un groupe de Vétérans contaminés m'a été adressé en tant qu'expert en exposition nucléaire. Je les ai, comme il se doit, dirigés pour les examens, vers différentes institutions travaillant sur les éléments transuraniens.

Toutes les archives ont été perdues dans cet hôpital (centre de Wilmington) et dans les différentes institutions. Seule une infime partie des informations était enregistrée dans le rapport du comité présidentiel sur les maladies de la guerre du Golfe. Récemment, j'ai reçu l'ordre du directeur de cette institution de recommencer les examens des Vétérans. Aujourd'hui, un courrier m'informe qu'il est mis fin à mon travail pour raison de réduction de postes. J'occupe mes fonctions depuis plus de huit ans avec des résultats significatifs et je suis convaincu que mon éviction est la conséquence directe de mon engagement dans le traitement des Vétérans de la guerre du Golfe et d'une discrimination pour avoir soulevé des questions de sécurité nucléaire.

La perte des documents et des échantillons, les mesures prises à mon encontre sont la preuve d'un complot visant à mettre fin à ma volonté de traiter correctement les Vétérans de la guerre du Golfe.

Je suis sûr que cette affaire retiendra votre attention dans l'intérêt des Vétérans des États-Unis d'Amérique.

Asaf Durakovic

Depuis, le professeur Durakovic poursuit ses recherches avec le docteur Hari Sharma à l'université de Waterloo (Ontario) au Canada.

CHAPITRE 3

Des risques pour l'humanité

Bagdad, mars 1998 - mars 1999

Assis sur une vague couverture mitée, branché à une perfusion, le crâne chauve, des yeux immenses fixés sur quelque horizon imaginaire, Walid, trois ans, est atteint de leucémie. Dans son lit de fer, sans drap, empêtré dans un grand pyjama à carreaux violets, il a l'air d'une toute petite chose. Il attend. La mort, très probablement. Hospitalisé dans l'unité d'oncologie du collège pédiatrique Al Mansour situé dans ce qui fut l'hôpital le plus grand et le plus performant du Moyen-Orient avant l'embargo appliqué à l'Irak, il ne vivra pas longtemps faute des moyens adaptés pour le sauver. Il est l'un de ces très nombreux enfants irakiens touchés par cette maladie depuis la fin de la guerre du Golfe et dont l'augmentation anormale des cas a attiré, dès 1993, l'attention des spécialistes. Salma Al Haddad dirige depuis dix ans cette unité de 28 lits, l'un des deux centres de traitement à Bagdad, qui ne restent jamais vides. Elle y a enregistré une progression de 25 % des hospitalisations dans ces dernières années, alors même que beaucoup de parents n'ont pas les moyens d'amener leur enfant jusqu'à la capitale. « Il est difficile de faire une estimation exacte des cas de cancers chez les enfants depuis la guerre mais cette augmentation a surpris tous ceux qui travaillent depuis des années dans ce secteur de la médecine », m'explique le docteur Al Haddad.

Au quatrième étage du Baab-Al Muaddan Medical College, le professeur Selma Al Taha, 62 ans, qui en 1975 a créé le premier laboratoire irakien de génétique, constate de son côté : « Nous enregistrons une augmentation importante de malformations congénitales depuis la fin de la guerre. Des malformations que nous n'avions jamais vues en Irak auparavant ou très rarement. » Hydrocéphalies, encéphalites, spina-bifida, mais aussi des malformations monstrueuses des bras et des jambes (phocomélie, que l'on trouve au début des années 50 chez les bébés des femmes qui prenaient de la thalidomide), absence de cœur, de tête. Basma, jeune obstétricienne de 29 ans à la maternité de l'hôpital, découvre l'horreur plusieurs fois par semaine, tout comme Zenad, infirmière à l'hôpital de Bassora, au sud du pays, région massivement bombardée pendant la guerre. Elle enregistre sur un cahier les cas de nouveau-nés ou fœtus mal formés nés de fausses couches dont le nombre a également augmenté dans des proportions alarmantes. Dans le hall de l'hôpital pédiatrique de Bassora, des photos de ces « créatures » accueillent les visiteurs, les délégations et la presse internationale qui viennent de plus en plus nombreux en Irak constater les conséquences criminelles de la guerre et de l'embargo sur la population.

Un an plus tard. Alors que la chaleur et le sable apporté par le vent du désert rendent l'air irrespirable, une foule de femmes et d'hommes, certains dans un état visiblement grave, d'autres installés sur des brancards de fortune, emplissent les couloirs et le hall de la consultation de l'hôpital de médecine nucléaire. Le docteur Taha Al Askri, spécialiste en médecine nucléaire, reçoit des malades adultes atteints de cancers. « Après la guerre, explique le docteur Al Askri, nous avons constaté une forte augmentation des problèmes de thyroïde et des cancers. Nous voyons quotidiennement environ cinquante patients présentant un cancer. » Spécialiste d'oncologie et radiothérapie dans le même hôpital, le docteur Abed Ali-Kaadhim note l'effrayante augmentation des leucémies, cancers du rein, des poumons. Sa consœur épidémiologiste, le professeur Nazha Farman a pu réunir, comme de nombreux médecins essaient de le faire dans les différents services avec les moyens du bord (en 1998, il n'y avait plus de papier pour les ordonnances ou les dossiers médicaux !), des données, partielles, certes, mais significatives. Elle confirme que c'est dans le sud, foyer intense de la guerre, que l'on trouve, par exemple, le plus fort taux de leucémies chez les enfants. En 1989, la leucémie occupait la septième place parmi les cancers les plus fréquents. Après la guerre, cette maladie est passée au quatrième rang avec une augmentation évaluée à 6,3 % en 1993 [1].

Dans le service de médecine nucléaire, je visite la salle récemment mise aux normes internationales pour accueillir le nouvel appareil de radiothérapie. La bombe au cobalt encore en pièces détachées dans des caisses de bois a été livrée trois mois auparavant par la compagnie française CIS-BIO International (Saclay). Elle a été achetée par l'Irak qui avait obtenu préalablement une autorisation d'importation de l'Onu dans le cadre de l'accord « Pétrole contre nourriture ». Depuis trois mois, le service attend le technicien qui doit venir de France pour monter l'appareil. « Pendant ce temps, m'explique, désespéré, le docteur Abed Ali-Kaadhim, des gens meurent faute de traitement adapté. » À mon retour en France, un responsable de CIS-BIO me confirme que tout est en règle mais qu'il est impossible d'aller en Irak. « Envoyer un technicien est trop dangereux en ce moment », me dit-il.

Le docteur Sami R. Al Aradji, l'un des responsables de la

1. Chiffres de l'OMS.

Société irakienne pour l'environnement et la protection, organisateur des symposiums internationaux sur les effets de la guerre dans la capitale irakienne en 1994 et 1998, n'a pas de mots trop forts pour qualifier l'usage des armes à l'uranium appauvri dont il souligne qu'elles représentent une source d'enrichissement sans frais pour les États producteurs. « Vos pays ne savent plus quoi faire de l'uranium appauvri, c'est un bon débouché », me dit-il en colère à la fin de notre conversation. Mais plus important pour lui, il considère le drame qui se joue en Irak comme « une question humanitaire » qui dépasse largement son pays. « Les soldats américains, britanniques et d'autres, sont tout autant les victimes de ces armes que les Irakiens », me dit-il. Des liens très étroits se sont d'ailleurs noués, au cours de ces dix dernières années, avec les associations de Vétérans américains dont des représentants assistaient au second symposium en 1998. Les scientifiques irakiens et leurs confrères étrangers ont également demandé à l'OMS de les aider dans leurs recherches, mais l'agence de l'Onu, si elle semble d'accord sur le principe, n'est pas encore intervenue.

Autre préoccupation du docteur Al Aradji, la contamination de l'environnement, particulièrement dans le sud du pays. « Ce qui est dans le sol, dit-il, y restera pendant des milliers d'années compte tenu de la durée de vie de l'uranium appauvri. Nous devons envisager des moyens pour décontaminer l'environnement mais cela coûte très cher et notre priorité est de nourrir la population soumise à l'embargo », m'explique-t-il alors. Outre la contamination de l'environnement et de la chaîne alimentaire, celle des populations est sans doute aggravée par le fait que les débris de chars sont utilisés à des fins diverses, comme dans les ateliers de la zone portuaire de Bassora massivement bombardée pendant la guerre, où les « charpentiers » n'hésitent pas à marteler, couper, souder ce métal mortel pour fabriquer la coque de leurs bateaux de pêche...

Des contradictions très officielles

Alors que les autorités civiles et militaires des pays occidentaux producteurs d'armement à l'uranium appauvri continuent d'affirmer que ce dernier ne présente aucun danger, des documents officiels élaborés avant et depuis la guerre du Golfe viennent contredire ces propos rassurants. Le 22 juillet 1990, peu avant l'invasion du Koweït par l'Irak, l'armée américaine publiait, par exemple, un rapport sur les munitions « pénétrantes [1] ». Il prévoyait que l'utilisation de l'uranium appauvri pourrait créer « des zones limitées de contamination ». Il était dit que les troupes au sol seraient « particulièrement exposées aux particules toxiques présentes dans l'air et la poussière ». Alors qu'il n'existait encore aucun mouvement contre l'uranium appauvri, l'armée prévoyait déjà qu'il serait « peut-être inévitable de supprimer ces armements sous l'action de forces politiques lorsque ces effets nocifs seraient connus du grand public ».

Le 28 septembre 1990, donc quatre mois avant le déclenchement de la guerre, un autre rapport de l'état-major de l'armée américaine [2] est encore plus explicite. Intitulé *Consignes en cas d'accident de stockage, de transport et de manipulation impliquant des munitions ou des blindés contenant de l'uranium appauvri*, ce texte explique en sept chapitres et huit annexes tout ce que l'on doit savoir sur le sujet. On peut y lire, par exemple : « Dans un accident de transport, si les emballages sont endommagés, ils doivent être remplacés avant de poursuivre le transport des munitions. Un contrôle de contamination radioactive doit être effectué sur les emballages endommagés... S'ils sont contaminés, ils doivent être décontaminés selon les méthodes décrites dans le chapitre 7. » On notera qu'on ne parle ici que d'un accident de transport n'impliquant pas d'explosion. Au chapitre 7, on peut lire que

1. Voir Annexes, *Los Alamos Memorandum.*

2. Référencé TB 9-1300-278 et publié dans le *Bulletin technique du département de l'armée* (voir Annexe).

« la procédure générale de décontamination est la suivante : la décontamination doit toujours se faire sous la direction du personnel de sécurité nucléaire ; l'accès aux zones contaminées doit être contrôlé, le personnel doit être équipé en tenues de protection, il faut procéder à une évaluation des parties à décontaminer, disposer des matériels et équipements nécessaires. Commencer par la méthode de décontamination la plus simple puis appliquer les méthodes plus abrasives et caustiques si besoin. Il est impératif de travailler de l'extérieur de la zone vers l'intérieur et d'isoler toutes les zones propres de celle contaminée ». Sont également indiquées les consignes de décontamination des personnes : comment se laver, se rincer, puis faire contrôler par un assistant qu'il ne reste plus aucune trace de savon sur le corps, et informer dans tous les cas de contamination, le « Radiation Protection Officer », l'officier responsable de la radioprotection. « Si l'on suspecte une ingestion ou une inhalation de matériel radioactif, il faut procéder à des tests biologiques », est-il ajouté. Le document précise également que, en cas de combustion de l'uranium appauvri, « tous les efforts doivent être faits pour contenir la diffusion de la contamination à l'intérieur de la ligne de contrôle de radiation. Les vêtements contaminés doivent être enlevés sur le site. Si quelqu'un quitte le site avec ses vêtements, assurez-vous que la zone dans laquelle il entre est contrôlée et décontaminée. Des couvertures ou autres devront être suspendues sur la ligne de contrôle de radiation pour permettre aux personnes de se changer en toute intimité. Les blessés devront être enveloppés d'un drap pour empêcher la diffusion de la contamination », etc. Dans ce rapport, on ne prend en considération que l'aspect radioactif de l'uranium appauvri, il n'est pas question des effets toxiques chimiques du métal tout aussi graves pour la santé de l'homme.

Un mois plus tard, le même état-major de l'armée américaine publiait la circulaire 40-5, intitulée *Médecine préventive*. Le chapitre intitulé « Radioprotection » stipule que les procédures de tests biologiques seront mises en place lorsque des matériels radioactifs (il s'agit dans ce cas de munitions à l'uranium appauvri) sont utilisés avec un risque d'inhalation, d'ingestion ou d'absorption dans le corps.

Le comité-conseil présidentiel sur les maladies de la guerre du Golfe qui se fonde, rappelons-le, sur une étude épidémiologique comparant la population civile américaine et la population militaire présente dans le Golfe et dont le rapport exprime la position officielle américaine, ne retiendra pas finalement l'uranium appauvri comme un des facteurs ayant provoqué certaines maladies chez les anciens combattants. Concernant l'« Exposition à l'uranium appauvri », on peut lire : « Le ministère de la Défense avait mis en place des procédures appropriées de protection du personnel qui travaillait sur les véhicules contaminés pendant la guerre du Golfe, mais, apparemment, peu de personnes étaient formées à ces procédures. Le personnel américain a pu également être exposé à l'uranium appauvri en inhalant des particules de poussière pendant des contacts occasionnels avec des véhicules détruits par ce type de munitions ou, s'ils vivaient ou travaillaient dans des zones contaminées, avec l'uranium appauvri par des incendies accidentels de munitions. De nombreux individus pourraient donc avoir été exposés inutilement. » Mais lorsqu'il s'agit d'aborder les effets de cette exposition dans le cadre de la guerre du Golfe, le rapport dit : « Finalement, le comité conclut qu'il n'est pas probable que les problèmes de santé rapportés aujourd'hui par les Vétérans soient le résultat de l'exposition à l'uranium appauvri pendant la guerre. L'uranium étant potentiellement cancérigène, il est possible que cette exposition conduise à une légère augmentation des cancers des poumons des dizaines d'années après la guerre. »

De l'uranium appauvri à Amsterdam

Mai 1999. Dans la petite salle du foyer de Bijlmer, immense et triste cité de banlieue qui ne ressemble en rien au centre historique visité par des millions de touristes chaque année, le professeur Durakovic était entouré d'une vingtaine de personnes : des représentants de la population, des pompiers, des médecins et des infirmiers présents sur le site juste après l'accident du Boeing d'El Al qui fit officiellement 43 morts. Depuis, de nombreuses plaintes avaient été exprimées par les habitants de Bijlmer concernant des maladies et des troubles identiques à ceux des soldats américains et britanniques qui pensaient avoir été contaminés par l'uranium appauvri. Immédiatement après l'accident, des personnes portant des tenues blanches de protection, des masques et des combinaisons avaient été aperçues sur le site. On avait alors parlé d'uranium appauvri. En effet, certains avions parmi lesquels le Boeing, sont équipés de contrepoids fabriqués avec ce métal et placés sous la queue et les ailes pour stabiliser l'avion en haute altitude. En cas d'accident, il se produit le même phénomène que pour les munitions. Une enquête menée en 1994 par Henk Van der Keur pour le journal hollandais *Konfrontatie* et pour la fondation Laka[1], le confirme. Il fait état notamment d'une publication intitulée *Les Usages industriels de l'uranium appauvri* (Industrial Uses of Depleted Uranium – American society for Metals), signée par Paul Loewenstein, ancien directeur technique et vice-président de la Compagnie américaine des métaux nucléaires (American Company Nuclear Metals Inc.), entreprise qui fournit l'uranium appauvri à Boeing. Dans cette publication, Loewenstein écrivait que chaque Boeing 747 pouvait contenir jusqu'à une tonne et demi d'uranium appauvri sous la forme de contrepoids. Il expliquait aussi que « des morceaux d'uranium s'oxydent rapidement et se consument lentement lorsqu'ils sont portés dans l'air à une température d'environ 500 °C. Le grand danger vient de la réaction chi-

1. Centre hollandais de documentation sur l'énergie nucléaire, association créée en 1982.

mique qui dégage des nuages de poussière contenant des milliers de micro-particules d'oxyde d'uranium qui peuvent être inhalées ou avalées par l'entourage». Le Boeing transportait également à destination d'Israël dix-sept tonnes de kérosène et dix tonnes de produits chimiques, de liquides inflammables et de substances caustiques qui ont pu combiner leurs effets à l'uranium appauvri au moment de la gigantesque explosion et de l'incendie qui suivit l'accident. Il a fallu attendre 1998 pour que le gouvernement hollandais vote une enquête parlementaire qui dura huit mois. Face à la multiplication des problèmes de santé des habitants et des sauveteurs, la commission concluait, en avril 1999, «il existe un lien direct entre le crash et ces problèmes (...)», mais le gouvernement n'engageait aucune étude médicale ni scientifique et considérait de façon tout à fait arbitraire que «peu de citoyens ont pu être contaminés». 850 habitants étaient traités au même moment, pour «des pathologies inhabituelles». La présence des hommes en tenue de protection sur le site ne fut jamais officiellement expliquée, sinon que le président de la commission d'enquête, Théo Meijer, a exclu qu'il ait pu s'agir de «membres de services secrets étrangers» à la recherche d'éléments compromettants, une rumeur qui avait couru à l'époque. La commission a cependant reproché officiellement à Els Borst, ministre de la Santé, de n'avoir pas pris au sérieux les plaintes des malades, à Anne-Marie Jorritsma, ministre des Transports, d'avoir mal informé le Parlement et à Wim Kok, Premier ministre, d'être resté passif.

L'affaire n'est pas allée plus loin. Elle a été classée, les effets de l'uranium appauvri niés. Et ce, malgré la publication d'un rapport confidentiel du ministère hollandais de la Défense, *Les Dangers pour la santé de l'exposition à l'uranium appauvri*, rédigé par l'expert en radiologie Leonard A. Hennen. Il y était dit, contredisant le rapport officiel, que les riverains de Bijlmer couraient des risques. L'expert suggérait, également, d'analyser des échantillons d'urine et de faire des mesures sur le site. Mais cette recommandation est restée lettre morte.

En 1984, une circulaire d'un organisme international de sécurité aérienne datée du 20 décembre [1], confirmait la présence d'uranium appauvri dans certains gros-porteurs et le danger qu'il représente en cas d'accident. Cette circulaire est intitulée *Éviter ou minimiser les contacts avec un avion équipé de stabilisateurs en uranium appauvri lors de l'enquête après un accident.* On peut y lire, entre autres consignes, « éviter de respirer ou d'avaler des particules provenant des poids endommagés. S'il apparaît nécessaire de manipuler les poids, prendre les précautions suivantes : le personnel doit porter des gants, se protéger les yeux selon les normes industrielles, porter un masque pour empêcher toute ingestion de poussière radioactive ». C'était six ans avant la guerre du Golfe.

Des armes très lucratives : marchés officiels et marchés parallèles

L'une des difficultés à laquelle se heurtent les organisations indépendantes ou officielles qui luttent contre l'emploi de ces armes tient au fait que les armes à l'uranium appauvri ne sont pas seulement efficaces, elles sont également très lucratives. Le coût de l'uranium appauvri est insignifiant, car il est disponible dans des proportions illimitées – aux États-Unis, il est quasiment fourni gratuitement aux firmes qui fabriquent les armes. Il est donc, aussi, d'un grand intérêt économique par rapport au tungstène qui doit être importé, d'Afrique notamment.

Officiellement, quatre pays les produisent et les vendent : la France, les États-Unis, la Grande-Bretagne et la Russie. Mais les autres puissances nucléaires comme la Chine, Israël, l'Inde et le Pakistan en produiraient également. Aujourd'hui, les armées de

1. Référence AWS330-AC N°-123 (voir annexe).

44 États en sont équipées, dont la Turquie, la Thaïlande, Israël, la Grèce, Taïwan, et plusieurs pays du Golfe : l'Arabie saoudite, Bahreïn, le Koweït, l'Égypte, Oman, la Jordanie, Abu Dhabi et les Émirats arabes unis.

Les expériences menées à l'occasion de la « sale guerre propre » ont également trouvé un prolongement dans le marché parallèle illégal de l'armement. Nul ne s'étonnera que les trafiquants d'armes se soient, en effet, intéressés à un matériel aussi performant et qu'ils le proposent à tous ceux, snipers et mercenaires de tous les pays, maffias et cartels internationaux de la drogue, qui s'approvisionnent chez eux. Aux États-Unis, le succès d'un fusil de calibre 50, avec ses munitions à l'uranium appauvri et utilisé par l'armée américaine pendant la guerre du Golfe, est significatif. Cette arme peut abattre un avion ou un hélicoptère en vol, détruire une voiture blindée ou un véhicule militaire. Il est précis sur une distance de vingt fois un terrain de football. Il est disponible sur simple coup de téléphone ou sur Internet. Tout individu âgé de 18 ans et qui dispose d'une licence de port d'arme peut en acheter. Le phénomène a pris une telle ampleur que, en 1999, le General Accounting Office (GAO), le Bureau d'investigation et de contrôle auprès du Congrès américain qui a obligation de rendre publiques ses conclusions, a été appelé à mener une enquête. En mai 1999, Tom Diaz, membre du Centre contre la violence policière, auditionné par deux membres démocrates du Congrès américain, Henry Waxman et Rod Blagojevich, soulignait à propos du calibre 50 qu'« une étrange sous-culture de sniper » développée notamment par les revues spécialisées sur les questions militaires et les tactiques terroristes comme *Soldier of Fortune*, magazine des mercenaires, semblait provoquer une véritable fascination pour les armes de calibre 50. Les contrôleurs du GAO, lors de leur enquête visant à débusquer les trafiquants, se sont fait passer pour des acheteurs potentiels. Ils ont enregistré des communications téléphoniques dont voici la traduction de l'une d'entre elles publiée dans son rapport :

Marchand d'armes, Nebraska :

– Client : Okay, je vous pose une question maintenant. Ces munitions transpercent, disons... le métal, non ?

– Trafiquant : Oui, elles transpercent le métal. Elles sont aussi incendiaires.

– Client : Bien, comme ça, donc, elles peuvent traverser, disons... quelque chose... comme un char blindé, ou...

– Trafiquant : Oh... ben... oui, je pense bien (rire).

– Client : Et pour transpercer les pare-brise anti-balles ?

– Trafiquant : Oh, oui, elles traversent ça.

– Client : Même si c'est du verre balistique, elles le traversent ?

– Trafiquant : Oui.

– Client : Et elles traverseraient même une limousine blindée ?

– Trafiquant : Oh, oui (rire).

– Client : D'accord. Et comme ça, vous dites que ça coûte deux cent quarante dollars la centaine...

– Trafiquant : Hum, hum...

– Client : D'accord. Voilà, j'habite sur la côte Est, vous pouvez me les envoyer ?

– Trafiquant : Hum, oui, on les envoie sur la côte Est, où habitez-vous ?

– Client : En Virginie...

– Trafiquant : D'accord, mais...

– Client : ...mais j'aimerais qu'elles soient envoyées à DC (Washington).

– Trafiquant : D'accord.

Il s'est trouvé une voix dominante, efficace et directement intéressée par la défense de ces armes et de leurs munitions devant les législateurs, c'est celle de James A. Schmidt II, président de la compagnie Arizona Ammunition Inc. à Phoenix,

Arizona, fabriquant de munitions, mais également président de l'Association des tireurs de calibre 50. Il a convaincu qu'il s'agissait là d'une « arme de sport dont il n'a pas été démontré qu'elle posait un problème ». L'enquête du GAO a, quant à elle, permis de découvrir, par exemple, que des criminels du cartel mexicain de la drogue, certaines sectes comme les Survivalistes, des terroristes, certains psychopathes meurtriers, avaient été arrêtés en possession de ces armes, mais elle n'a pas pu aller plus loin. Il ne lui a pas été possible de savoir combien de particuliers en possèdent, car le Bureau des alcools, du tabac et des armes à feu, administration compétente en la matière, n'a pu lui fournir ces informations : il n'est pas autorisé à contrôler les fabricants d'armes. Le GAO notait cependant dans son rapport qu'un seul parmi les plus importants producteurs de fusils de calibre 50 avait vendu 2 839 exemplaires à des civils de 1987 à 1998. Une arme vaut entre 4 000 et 7 000 dollars, les principaux fabricants sont Barrett Company (Murfreesboro, Tennessee), Harris Gun Works Inc. (Phoenix, Arizona) et Pauza Specialties (Baytown, Texas) qui aurait fermé ses portes en 1998.

CHAPITRE 4

L'Onu, les Balkans et l'uranium appauvri

« L'uranium appauvri collecté doit être entreposé dans des conditions sûres sous la responsabilité d'une autorité désignée et jusqu'à nouvel ordre. Les zones contaminées ou ayant pu être contaminées doivent être interdites au public et aux animaux. »

Rapport d'enquête de l'Onu au Kosovo, octobre 1999.

Les autorités américaines à la tête de l'Otan ont eu beaucoup de difficultés à reconnaître que leurs avions A10 entrés dans la guerre le 2 mars 1999 bombardaient le Kosovo et la Serbie d'obus à l'uranium appauvri. Ce n'est en effet que le 31 mars, plus d'un mois après le déclenchement des « opérations » du Kosovo, que l'état-major de l'Otan a fait allusion pour la première fois aux fameux avions « tueurs de chars » sans toutefois admettre qu'ils utilisaient ce type de munitions. Le 21 avril, l'un des porte-parole de l'Otan, Giuseppe Marani, confiait au quotidien japonais *Maïnichi* que c'était bien le cas et le 24 mai, au cours d'une conférence de presse de l'état-major de l'Otan, le général allemand Walter Jertz annonçait officiellement que ce type d'obus avait été utilisé à plusieurs reprises tout en précisant que « cet uranium n'est pas fortement radioactif, on peut trouver ce taux de radioactivité dans le sol ou dans les roches à l'état naturel ».

L'enquête des Nations unies

Huit ans après la guerre du Golfe, le débat sur ce métal était relancé par un nouveau conflit. Mais alors que la communauté internationale ne s'était pas préoccupée des effets des bombardements en Irak, l'Onu a chargé son agence pour la protection de l'environnement, l'Unep, d'entreprendre des recherches en Yougoslavie pour évaluer la catastrophe écologique provoquée par les forces aériennes de l'Otan. « Compte tenu de la gravité des conséquences potentielles du conflit sur l'environnement (...), il est urgent de procéder à une évaluation détaillée à grande échelle », déclarait Sergio de Mello, Secrétaire général adjoint de l'Onu, dans une recommandation, dès la fin de la guerre. Ce sont les États norvégien, danois, suédois, allemand et surtout finlandais (500 000 dollars) qui ont financé cette enquête. L'Union européenne dont les ministres de l'Environnement ont été directement informés par Klaus Toepfer, directeur de l'Unep, ont poliment approuvé la démarche. Lors de son Conseil de juin 1999, les ministres ont salué l'initiative de la Balkan Task Force, « Force d'action pour les Balkans » (BTF) et émis le souhait qu'une information fiable et vérifiable soit immédiatement réunie afin d'évaluer l'étendue des dommages environnementaux consécutifs au conflit.

La Force d'action pour les Balkans a été mise en place en août 1999 sous la direction de l'ancien ministre finlandais de l'Environnement et du Développement, Pekka Haavisto. L'une des équipes de la BTF a été chargée du volet « uranium appauvri ». Présidée par le Suédois Jan Olof Snihs de l'Institut suédois de Protection radiologique, elle était composée d'experts internationaux [1]. En octobre 1999, l'équipe rendait public un rapport préliminaire revu et corrigé au préalable par un conseil scientifique composé de spécialistes européens de l'environnement, de l'énergie atomique et de médecine nucléaire.

L'équipe de la BTF/Uranium appauvri a commencé par poser des questions à l'état-major de l'Otan afin de disposer d'informations officielles nécessaires à la bonne marche de son enquête et à la réalisation de sa mission. Elle a demandé par exemple où les munitions à l'uranium appauvri avaient été utilisées, quand et quelle quantité ? Le 6 août, l'Otan répondait : « L'uranium appauvri a été utilisé par les A10. Il "est possible" que des obus et des véhicules détruits par ces munitions soient présents au Kosovo. » Le 23 septembre 1999, l'équipe BTF/ Uranium appauvri constatait qu'elle n'avait toujours pas pu obtenir officiellement les informations détaillées demandées. Elle a donc dû démarrer son enquête en puisant à d'autres sources d'information. Dans le rapport préliminaire, elle note : « Le 3 mai 1999, le général Charles Wald, vice-directeur du programme stratégique et politique du commandement américain, confirmait au cours d'une conférence de presse que des A10 avaient utilisé ces munitions contre les forces serbes. Le porte-parole du même commandement, James Brook, déclarait le 5 juin au journal *New Scientist* que des chars AC-8 et Abrams portaient ces munitions et ont procédé à des tirs à proximité des frontières macédonienne et albanaise. » Le 12 août, note encore le rapport, l'agence Reuter fait état des propos tenus par le général Klaus Tœpfer au cours d'une conférence de presse,

1. Gustav Akerblom, du même Institut, Peter Stegnar et Carol Robinson, de l'Agence internationale à l'Énergie atomique (AIEA), Rolaf van Leeuwen de l'Organisation mondiale de la Santé-OMS-Hollande, Michelle Allsopp de Greenpeace (Grande-Bretagne), Jenny Pronczuk de Garbino de l'Organisation mondiale de la Santé-OMS-Suisse.

selon lesquels « une source de l'Otan à Bruxelles a confirmé que l'uranium appauvri a été utilisé pendant le conflit mais seulement par les avions A10 et dans les premières semaines ». Le rapport préliminaire note également que « les forces américaines, françaises et britanniques de l'Otan possèdent des armes à l'uranium appauvri dans leurs arsenaux. L'avion A10 américain, l'Harrier britannique et certains avions français ».

À partir de ces éléments, la BTF/Uranium appauvri a conclu, tout en reconnaissant qu'elle ne possédait aucun « élément intangible », que ces munitions avaient bien été utilisées au Kosovo. Lorsqu'une délégation de la BTF s'est rendue sur place en août 1999, les responsables de la Kfor (Force de maintien de la paix au Kosovo) ont déclaré que « les informations sur l'usage de l'uranium appauvri étaient classées "secret-défense". Si des munitions d'uranium appauvri ont été utilisées, précise le rapport de l'Unep, les forces aériennes de l'Otan savent exactement où. En effet, lorsqu'une attaque commence, une caméra vidéo se déclenche et enregistre l'événement et les coordonnées de la cible qui sont automatiquement archivées. »

Selon les experts de l'Institut suédois de recherche de la Défense nationale, dit le rapport de l'Onu, les A10 sont très précis. « Lors d'une attaque, 50 à 100 obus sont tirés sur une zone de 10 mètres de large et de 50 mètres de long. Cela signifie que 10 à 20 obus d'uranium appauvri toucheront cette zone. La quantité totale d'uranium dans cette zone sera de l'ordre de 3 à 6 kg. Si trois avions d'attaque travaillent ensemble contre une cible, la quantité d'uranium appauvri dans la zone touchée pourrait être de 9 à 18 kg. Il peut bien sûr y avoir plus d'une cible dans la même zone. Quand un obus d'uranium appauvri frappe un objet dur, il explose en fragments et en poussières. Normalement, 10 à 35 % (maximum 70 %) de l'obus se transforme en aérosol sur l'impact ou lorsque les particules d'uranium appauvri prennent feu. La plupart des particules se dispersent en fonction de la direction du vent. La poussière d'uranium appauvri est noire et une cible touchée par des munitions à l'uranium appauvri est reconnaissable par la poussière noire qui couvre la cible à l'intérieur et à l'extérieur. Si la zone d'attaque est composée de rochers et de pierre, la plus grande partie de l'uranium appauvri s'écrasera et se transformera en aérosol, entraînant ainsi une retombée de poussière d'uranium appauvri. Cependant, si les obus touchent le sol ou l'argile, ils continueront leur chemin dans le sol et resteront intacts. Une enquête menée en 1997 à Nellis, base américaine de l'armée de l'air, signale des dépôts de poussière à une distance de cent mètres de la cible. On estime que les avions A10 ont bombardé 90 % des casemates au Kosovo mais nous n'avons pas les moyens de vérifier si ces munitions ont été utilisées contre les immeubles et les sites industriels. » À ce sujet, une délégation de l'International Action Center de Ramsey Clark, qui s'est rendu à plusieurs reprises en ex-Yougoslavie durant la guerre comme observateur indépendant, affirmait le 14 mai 1999 que l'uranium appauvri a été utilisé dans les bombardements d'usines chimiques et pharmaceutiques et des raffineries dans la nuit du 15 avril, à Pancevo particulièrement.

L'Onu confirme les dangers de l'uranium appauvri

Le rapport de la BTF ne laisse aucun doute sur les dangers de l'uranium appauvri pour la santé de l'homme et l'environnement lorsqu'il est utilisé à des fins militaires. Ne pouvant avoir accès aux informations officielles, l'équipe a donc tenu compte des travaux déjà existants et se réfère aux nombreuses études réalisées après la guerre du Golfe, dont celle de Dan Fahey : « Il existe déjà un grand nombre d'informations et de données fiables, peut-on lire, qui rendent possible de tirer des conclusions et des recommandations. Nous connaissons très bien les propriétés physiques et chimiques et les qualités de l'uranium appauvri, ses effets toxiques chimiques et radioactifs, la façon dont il se disperse dans l'air, dont il est inhalé, ingéré ou absorbé par les plantes, les animaux et les êtres humains, ainsi que son métabolisme dans le corps. (...) L'uranium appauvri est radioactif et produit une toxicité chimique qui, du moins dans le cas d'une ingestion orale, est significativement plus importante que ses effets radiologiques. (...) Une exposition à l'uranium appauvri peut provoquer des cancers, avec un risque croissant suivant la dose. Une forte exposition peut également avoir des effets type métaux lourds (cela est démontré chez les animaux) dus à la toxicité chimique mais l'uranium appauvri est aussi dangereux pour la santé lorsqu'il est absorbé en petite quantité. Grâce aux expériences sur les animaux et les observations sur les personnes exposées, il a été possible d'établir des valeurs "sûres" d'exposition, en dessous desquelles, par exemple, les risques sont considérés tolérables. »

À partir de toutes les données en sa possession, l'équipe de la Force d'action des Balkans/Uranium appauvri a mis au point un modèle théorique, prenant en compte les différents contextes dans lesquels il peut y avoir contamination. Le scénario s'appuie sur une attaque par trois avions utilisant un total de 10 kg d'uranium appauvri contre une cible d'un ou de plusieurs véhicules et une zone contaminée après l'attaque de 1 000 mètres carrés. Dans son annexe 6 intitulée « Comportement et effets de l'uranium appauvri », elle envisage toutes les possibilités suivant le contexte géologique et climatologique. « Du fait des propriétés chimiques des différentes natures du sol et de la roche, les effets de l'uranium appauvri sur l'environnement varient, dit le rapport qui envisage le sable, l'argile, les roches volcaniques, le granit, les sédiments et d'autres encore. La progression de l'uranium appauvri est lente, peut-on lire, en conséquence, il faudra peut-être plusieurs centaines d'années pour que la contamination disparaisse. »

Concernant enfin les effets sur la santé des hommes, les chercheurs de la BTF se fondent sur les données et les évaluations reconnues ainsi que sur l'« approche générale de la protection de la santé et de l'environnement ». Ils concluent :

« Le risque de ramasser des débris d'uranium appauvri ne doit pas être négligé et une telle action doit être évitée. Les personnes situées à proximité de la cible durant l'attaque sont susceptibles d'être gravement exposées à la radioactivité. Le risque d'ingestion par les aliments ou par une blessure est réel pendant un certain temps après l'attaque (jusqu'à la tombée de fortes pluies). La consommation de viande et de lait d'animaux broutant sur la zone touchée peu après l'attaque et avant les fortes pluies pourrait entraîner un risque significatif à prendre en compte à la fois du point de vue chimique et radioactif. Cependant, l'ingestion de terre et de produits de la terre restant un facteur important d'absorption d'uranium appauvri par les animaux pendant un certain temps, le risque d'exposition des animaux et des hommes ne doit pas être négligé à long terme. La concentration dans les fruits et les légumes est faible, à l'exception des tubercules comme la pomme de terre. Les puits situés à proximité de l'attaque peuvent présenter un risque significatif de contamination. Le risque est considéré comme "faible" si les doses de radiation relevées sont inférieures à 1 mSv par an et le risque chimique bas ou égal à zéro. Sont considérées comme "significatives" une radiation proche de 1 mSv par an et une pollution chimique de la région correspondant aux normes d'hygiènes usuelles. Le risque est "élevé" lorsque la dose excède 1 mSv par an ou dépasse les normes chimiques. »

Plaidoyer pour une évaluation scientifique de la situation

L'équipe émet également un certain nombre de recommandations dans le cas où « l'usage d'uranium appauvri serait officiellement confirmé, *ou* en l'absence d'informations précises ». « L'étude de la situation au Kosovo concernant l'uranium appauvri doit se poursuivre, dit le rapport. Il faut procéder à des mesures, dès que possible, pour identifier une éventuelle contamination et vérifier nos hypothèses. Priorité doit être donnée aux morceaux d'uranium appauvri, aux surfaces fortement contaminées et autres "points chauds" (comme Pancevo)[1]. Les morceaux d'uranium appauvri et les objets fortement contaminés doivent être collectés et enlevés. Ce travail doit être fait dans des conditions de contrôle strict par des personnes correctement protégées. L'uranium appauvri collecté doit être entreposé dans des conditions sûres sous la responsabilité d'une autorité désignée et jusqu'à nouvel ordre. Les zones contaminées ou ayant pu être contaminées doivent être interdites au public et aux animaux. Les autorités locales et les personnes concernées doivent être informées des résultats des enquêtes, des risques possibles et des mesures à prendre. Un programme de mesure et une stratégie de diffusion des consignes de sécurité et des mesures à prendre doivent être mis en place. Si la contamination est confirmée, les mesures nécessaires doivent être appliquées. Un programme d'examen sanitaire des personnes dans ou à proximité des zones attaquées ou supposées attaquées avec des munitions à l'uranium appauvri doit être défini. Lorsque c'est le cas, il doit être appliqué en donnant la priorité aux personnes qui ont pu être les plus exposées à la contamination. Il est nécessaire d'effectuer une étude complète des effets sur la santé de l'exposition à l'uranium appauvri à moyen terme et long terme. » Le rapport de la Force d'action des Balkans/Uranium appauvri recommande que ce programme soit placé sous le contrôle de l'Organisation mondiale de la Santé.

Il est évident qu'une telle enquête aurait dû être menée en Irak après la guerre du Golfe. Comme le disait Klaus Toepfer, directeur exécutif du Programme des Nations unies pour l'Environnement (Unep), lors de la mise en place de l'équipe, « après un conflit, une telle évaluation, neutre, objective et scientifique, de la

1. Précision de l'auteur.

situation réelle sur le terrain est essentielle. Non seulement, le rapport de la BTF est une source d'information indispensable et fiable pour les populations affectées mais il est également un outil de gestion de l'aide humanitaire d'urgence par la communauté internationale. Il met en évidence de façon incontestable les liens entre les inquiétudes concernant l'environnement et l'assistance humanitaire ». De son côté, Pekka Haavisto, président de la BTF, déclarait que « fait partie de l'aide humanitaire que la communauté internationale devrait apporter l'assistance aux autorités locales pour la gestion des principaux "points chauds", afin d'éviter de nouvelles dégradations de la santé des personnes et de l'environnement » ; il ajoute : « Bien que le gouvernement yougoslave, responsable au premier chef du nettoyage, est capable d'assumer certaines des priorités que nous avons identifiées, d'autres nécessiteront une aide de la communauté internationale. »

Le rapport aborde également le problème du largage d'obus à l'uranium appauvri dans la mer Adriatique par les bombardiers de l'Otan. Cette manœuvre de sécurité qui permet aux avions d'atterrir sur la base de départ, dans ce cas d'Aviano près de Venise, avait provoqué une protestation discrète du gouvernement italien.

Des voix officielles s'élèvent

Malgré les efforts des gouvernements et des autorités militaires de la Coalition pour convaincre que l'utilisation de l'uranium appauvri dans l'armement ne présente aucun danger, cette interprétation de la réalité est aujourd'hui de plus en plus remise en question. Le travail d'alerte entrepris depuis dix ans par les organisations d'anciens combattants de la guerre du Golfe et par certains scientifiques commence à trouver un écho. Le rapport de l'Onu sur les Balkans en est sans aucun doute la meilleure preuve.

En Europe, la Campagne contre l'uranium appauvri (Campaign Against Depleted Uranium-CADU) a été lancée par des organisations non gouvernementales, en janvier 1999, à Manchester. Ces ONG se sont donné pour missions d'informer le public, de rassembler toutes les informations et tous les témoignages et d'intervenir auprès des autorités britanniques afin « de mettre fin à la fabrication, la prolifération et l'utilisation des armes à l'uranium appauvri dans l'intérêt de l'humanité [1] ».

Le 6 mai 1999, alors que les armes à l'uranium appauvri frappaient le Kosovo et la Serbie, treize membres du groupe des Verts au Parlement européen se sont adressés au Secrétaire général de l'Otan, Javier Solana. Dans une lettre ouverte, ces députés européens lui demandent l'interdiction définitive et immédiate de l'usage de l'uranium appauvri. « Une contamination généralisée par l'uranium appauvri avec, pour conséquence, des dommages à court, moyen et long termes, tant pour les civils que pour les militaires, est à prévoir, peut-on lire dans cette lettre (...) À une catastrophe humanitaire, s'ajoute ainsi un désastre écologique compromettant clairement l'avenir des populations, y compris le retour des déportés kosovars dans leur pays. Nous considérons, quant à nous, que cette situation est intolérable et vous demandons d'agir pour que cesse toute action militaire susceptible de contribuer à ce désastre. Nous pensons que le recours à ce type d'arme est incompatible avec l'objectif humanitaire annoncé par l'Otan pour justifier son action militaire. »

---

1. CADU publie un bulletin dans lequel on trouve des informations traitant de la situation sanitaire des Vétérans y compris l'annonce des décès, comme celui de Terry Riordon, 45 ans, premier Vétéran canadien dont les examens ont montré qu'il avait été fortement contaminé, disparu le 29 avril 1999, mais également des articles scientifiques, des informations sur les nouveaux armements, les réponses des autorités aux questions posées par CADU, des listes de matériel disponible (vidéos, articles de presse, livres, sites Internet, etc.) ainsi que des listes de contacts afin de développer la coordination des actions des réseaux citoyens qui existent dans le pays mais aussi à l'étranger, particulièrement aux États-Unis, en Australie et au Canada et, pour l'Europe, en Belgique, en Hollande, dans les pays nordiques et plus récemment en Italie.

Le 10 mai suivant, une proposition de résolution était présentée par Paul Lannoy au nom de ce même groupe au Parlement européen. Elle concluait : « Le Parlement européen déclare que l'utilisation des armes à uranium appauvri est en contradiction avec le respect des droits de l'homme et des générations futures, demande à tous les États membres de l'Union européenne et au Conseil de décider l'interdiction de produire, de vendre et d'utiliser les armes à l'uranium appauvri, demande à son Président de transmettre la présente résolution au Conseil, à la Commission, au Secrétaire général de l'Otan et au Secrétaire général des Nations unies. » Cette motion n'a pas été votée.

Après la publication du rapport préliminaire de la Force d'action des Balkans de l'Unep, le ministre finlandais de l'Environnement, Satu Hassi, s'adressait à l'Union européenne : « Je m'adresse à vous, dit-il, sur un sujet à propos duquel je pense que l'Union européenne devrait prendre une décision : l'usage militaire de l'uranium appauvri devrait être interdit. (...) Dans la guerre du Golfe persique, poursuit-il, entre 380 et 800 tonnes d'uranium appauvri ont été disséminées sur la zone des combats. Aujourd'hui, huit ans plus tard, il a été prouvé que des militaires alliés et irakiens ainsi que des civils ont été contaminés. Il est difficile d'évaluer le niveau de l'exposition, mais dans certains cas, on peut prouver qu'il est élevé. Sept ans plus tard, on a trouvé chez certains Vétérans de la guerre du Golfe une faible quantité d'uranium-uranium appauvri dans les urines et le sperme. Les soldats n'ont pas été entraînés à se protéger contre l'exposition à l'uranium appauvri. Pratiquement tous les soldats ainsi que les personnels civils sur place ignoraient ces armes et les dangers qu'elles présentaient. Apparemment, l'uranium appauvri a été aussi utilisé au Kosovo. Nous savons que les A10 sont chargés partiellement de ces munitions et que les missiles de croisière Tomahawk dont 1 500 ont été tirés sur la Serbie et le Kosovo contiennent approximativement trois kilos d'uranium appauvri chacun. Les munitions contenant de l'uranium appauvri sont aujourd'hui utilisées par de nombreux pays. (...) J'appelle donc tant la Commission de l'Union européenne que mes collègues ministres de l'Environnement à engager une action pour interdire l'usage de l'uranium appauvri. »

Aux États-Unis, Ramsey Clark et l'International Action Center œuvrent inlassablement contre l'utilisation de ces armements mais aussi contre l'usage civil de l'uranium appauvri. En 1998, il lançait un appel en direction de l'Onu : « Les armes à l'uranium appauvri représentent une menace inacceptable pour la vie, une violation de la loi internationale et une atteinte à la dignité humaine. Pour sauvegarder le futur de l'humanité, nous exigeons l'interdiction internationale inconditionnelle de la recherche, la production, les essais, le transport, la détention et l'utilisation de l'uranium appauvri à des fins militaires. De plus, nous demandons que toutes les armes comportant de l'uranium appauvri et tous les déchets radioactifs soient immédiatement isolés et stockés, que l'uranium appauvri soit classé "substance radioactive à risque", que les zones contaminées soient nettoyées et que ceux qui ont été exposés puissent recevoir des soins médicaux appropriés. »

L'Onu condamne l'usage des armes à l'uranium appauvri

En août 1996, déjà, une résolution, passée complètement inaperçue, était votée par la Sous-Commission pour la prévention de la discrimination et la protection des minorités de l'Onu, lors de sa 48e session. Ce texte, unique à ce jour dans l'histoire des Nations unies, condamne l'usage des armes à l'uranium appauvri. « Concernant la paix et la sécurité, dit-il, la Sous-Commission affirme que les armes de destruction et en particulier les armes nucléaires ne doivent pas intervenir dans les relations internationales et devraient donc être éliminées. Elle réaffirme son soutien à une interdiction totale de la production, la fabrication, l'usage de telles armes ; elle presse les États qui ne l'ont pas encore fait de signer et ratifier la Convention sur les

JV

armes conventionnelles et les protocoles attenants. Elle demande aux États que leurs choix politiques soient guidés par la nécessité d'éliminer les armes de destruction massive ou à effet non discriminant, en particulier les armes nucléaires, chimiques, les bombes "fuel air", le napalm, les bombes à fragmentation, les armes biologiques et les armements contenant de l'uranium appauvri. Elle demande au Secrétaire général de l'Onu que soit procédé à une collecte d'informations auprès des gouvernements et autres sources fiables sur l'usage de telles armes et sur les effets immédiats et cumulatifs. Elle lui demande également de soumettre un rapport sur la question à la Sous-Commission lors de sa 49e session. »

Trois ans plus tard, les armes, citées dans la résolution et utilisées déjà lors de la guerre du Golfe, venaient à nouveau frapper les populations de Serbie et du Kosovo. La résolution de la Sous-Commission de l'Onu est restée lettre morte.

L'initiative italienne

En approuvant la motion [1] « Effets de l'utilisation d'armes à l'uranium appauvri », le 11 novembre 1999, le gouvernement italien, premier des gouvernements européens à prendre position sur cette question, est allé beaucoup plus loin. Cette motion prend en considération les différents points de vue scientifiques sur le danger réel ou supposé de l'uranium appauvri utilisé à des fins militaires. Elle critique les travaux de la Société italienne de recherches sur les Radiations (SIRR) qui, tout en exposant amplement les risques et les effets sur l'homme, soutient qu'il est « invraisemblable que sur le champ de bataille, on puisse absorber les quantités d'uranium jugées susceptibles de causer des dommages temporaires ou permanents (...), étant donné le degré relatif de contamination résiduelle de l'isotope U235 (...)

1. Motion 7-00795-Pezzoni.

et la capacité du corps humain à éliminer en trois ou quatre jours les éventuelles quantités absorbées. » Juger « invraisemblable » l'éventualité de conséquences graves sur la population oubliant de prendre en considération la toxicité chimique de l'uranium appauvri et pas seulement sa radioactivité ne permet pas de produire des éléments d'évaluation répondant aux inquiétudes de l'opinion publique, dit la motion. En revanche, les parlementaires italiens prennent en considération les observations faites en Irak, le travail de recherche des associations américaines d'anciens combattants et celui de leurs conseils scientifiques et les contradictions de l'armée américaine. Elle conclut sur la nécessité de nouvelles études approfondies « dans le but de connaître les conséquences de l'exposition à l'uranium appauvri sous forme chimique, absorbé par inhalation, ingestion et par les blessures » et invite le Parlement européen à constituer une commission européenne technique et scientifique composée de personnalités indiscutables, pour procéder à des vérifications rigoureuses directement sur le terrain – en Irak et dans les Balkans – en coopération et en accord avec les gouvernements locaux ainsi qu'avec les autorités militaires et sanitaires. Plus directement, elle engage le gouvernement italien à créer « une commission en mesure de procéder à une évaluation approfondie et impartiale, partant de l'acquisition de toutes les sources de documentation scientifique déjà disponibles au niveau national et international soit sur les risques de toxicité chimique, soit sur d'éventuels risques de contamination radioactive », et « à demander au gouvernement des États-Unis de mettre à disposition de cette commission tout document qui ne serait pas encore officiellement communiqué. »

Ainsi, en Occident, les certitudes commencent à tomber. Cependant, on n'en continue pas moins de produire les armes à l'uranium appauvri et de les vendre pour les guerres à venir. En ce sens, la guerre du Golfe a été un formidable « salon de l'armement» pour les futurs clients potentiels qui n'ont pas attendu pour passer leurs commandes, voire ont acheté sur place dès la fin des «opérations», ce nouveau type d'armement. Les affaires continuent, au plus grand mépris des populations civiles...

CHAPITRE 5

Du chimique dans les nuages

«Depuis le début de l'offensive aérienne, les alertes chimiques réelles rythment la vie des unités. Le 21 janvier, le passage d'un nuage toxique provoqué par la destruction d'un dépôt d'armes chimiques situé à Al Salman en Irak fera réagir les Détalac du 3e RIMA[1]*.»*

Extrait de *Les Troupes de Marine et le Golfe* (Ed. Héraclès, 1991).

L'opération «Bouclier du désert», l'offensive aérienne qui marqua le début de la guerre, est lancée le 17 janvier à 3 heures du matin. Des centaines de missiles de croisières et des dizaines de milliers de bombes en tout genre se sont abattus sur le territoire irakien en quelques jours. En sept semaines, les forces aériennes de la Coalition réalisent 112 000 sorties aériennes. Rien n'est épargné. 90 % des centrales électriques, 80 % des puits de pétrole, des raffineries et des complexes pétrochimiques, les usines, les sites militaires avec leurs stocks d'armes et d'explosifs, les ponts, les routes et autoroutes, les voies de

1. Détalac : détecteur d'alarme chimique.

chemin de fer, les cimetières, les stations d'épuration des eaux, les villes, les hôpitaux, les marchés sont détruits. Les « attaques chirurgicales » et les « bombes intelligentes » frappent la population irakienne tandis que les bombardements provoquent une gigantesque pollution de l'environnement. Alors qu'elles agitaient la menace de l'utilisation d'armes chimiques et biologiques par l'Irak, les forces de la Coalition provoquent sans état d'âme une catastrophe humaine et écologique à long terme. Le directeur de la CIA, William Webster, estimait alors que l'Irak possédait à l'époque environ 1 000 tonnes d'agents chimiques toxiques, pour la plupart dans les obus, les rockets et deux types de missiles, les Frogs et les Scuds. Ces agents chimiques toxiques sont deux des facteurs retenus pour expliquer certaines pathologies du « Syndrome de la guerre du Golfe ». Mais cette hypothèse a été rejetée par le comité-conseil présidentiel américain.

Le rapport Tuite

Le ministère américain de la Défense et le Pentagone, aidés par la CIA, ont utilisé tous les moyens pour empêcher la bonne conduite des enquêtes menées par diverses commissions du Congrès ou du Sénat. À cet égard, le rapport de James J. Tuite du 18 mars 1997 sur les effets des bombardements des sites industriels ou militaires chimiques irakiens est particulièrement intéressant. James J. Tuite est un ancien médecin militaire de la guerre du Vietnam où il a passé vingt et un mois avec la brigade d'ambulance aérienne de la 101e division aéroportée. Il a servi ensuite dans les services secrets américains successivement comme spécialiste de la criminalité, du renseignement, coordinateur de la recherche scientifique, responsable de la sécurité chimique dans la division laboratoire. S'étant retiré de l'armée, c'est sur la demande du sénateur Donald W. Riegle Jr. qu'il prend en charge, en 1993, l'enquête sur les effets chimiques de la guerre. James J. Tuite avait remarqué une similitude entre les maladies des soldats et les pathologies développées par des centaines de personnes qui travaillaient pour l'armée américaine au centre d'essai de Dugway près de Salt Lake City où le chercheur demeure. Il avait déjà présenté au Congrès un rapport alertant les députés sur « le caractère inapproprié de (notre) doctrine de défense militaire chimique et biologique ».

Une mystérieuse disparition

Dans son rapport du 18 mars 1997, James J. Tuite dénonce d'abord très précisément la façon dont les plus hautes autorités américaines ont falsifié et dissimulé des informations, ou, plus grave encore, ont fait disparaître des dossiers essentiels des archives militaires et du ministère de la Santé. Dans le premier rapport sur la destruction du complexe militaire irakien de Khamisiyah, daté du 21 février 1997, selon James J. Tuite, le département de la Défense révèle que la CIA détenait des informations selon lesquelles les unités américaines avaient été averties avant le lancement de l'offensive terrestre que ce complexe pouvait abriter des armes chimiques. L'information n'a cependant pas été diffusée auprès des troupes chargées d'achever la destruction du complexe après le cessez-le-feu. Alors qu'officiellement ces unités n'avaient pas trouvé d'armes chimiques, l'équipe d'inspecteurs des Nations unies qui s'est rendue sur le site dès novembre 1991 devait au contraire en relever des traces. « Des inspecteurs américains faisaient partie de cette équipe et l'information a été diffusée aux services de renseignements et de la défense, explique le rapporteur. Deux semaines plus tard, la CIA a notifié au Centcom (le Commandement central des opérations de guerre) que l'une des unités présentes avait pu être contaminée lors de la destruction du site. Aucune action n'a à notre connaissance été engagée à l'époque à l'égard de ces personnels. »

En mai 1994, rapporte encore James J. Tuite, Edwin Dorn, un responsable du ministère de la Défense, niait, lors d'une audition sous serment devant une commission du Sénat, que des armes chimiques ou biologiques avaient été trouvées sur le « Théâtre koweïtien des Opérations » (KTO) (région Sud de l'Irak et Koweït). Mais interrogé par le comité présidentiel, un autre officiel du Pentagone, le docteur Theodore Prociv, admettait « la présence de quelques munitions chimiques dans des zones près des camps américains ». Ce n'est qu'en juin 1996 que le Pentagone informait officiellement les personnels militaires et le public.

En février 1997, révèle encore Tuite, le comité-conseil présidentiel et le Pentagone faisaient état, au cours d'une audition demandée par le Sénat, d'une enquête sur la disparition d'archives concernant les détections chimiques, radiologiques et biologiques et sur les expositions à ces substances durant la guerre. Pour justifier la disparition de 164 des 200 pages du dossier, on prétendit alors qu'un virus les avait « mangées » et que les disquettes et les fichiers « avaient disparu des systèmes de sauvegarde en Floride et dans le Maryland ». « Ce que ne disent pas les officiels interrogés par le Sénat sur ces disparitions, explique James J. Tuite, c'est que ces rapports existaient en avril 1993 et ont disparu quelques mois plus tard. » À cette période, mais est-ce bien un hasard, le « comité du Sénat pour les affaires militaires » avait pour la première fois évoqué la possibilité que des militaires américains aient pu être exposés à des doses minimes d'agents chimiques toxiques pendant la guerre. Les 36 pages épargnées par « le virus » furent retrouvées à l'automne 1993 et classées, en grand secret, « secret-défense ». Ce qui permit aux autorités de gagner du temps en niant l'existence d'éléments sur cette question. Bien que les commissions d'enquête du Congrès et du Sénat soient légalement habilitées à accéder aux documents les plus confidentiels, y compris, dans cette affaire, ceux qui concernent les exportations américaines liées au programme irakien de production de substances chimiques, biologiques et radioactives de combat ainsi que de missiles, les dossiers restèrent inaccessibles. « Il est clair, dit-il, qu'avec ce que nous savons maintenant, nous avons réuni suffisamment de preuves indiquant que le ministère de la Défense a directement conspiré pour cacher la vérité au Congrès. Cette conspiration implique la disparition de documents classifiés, la présentation d'informations fausses ou incomplètes devant le Congrès, y compris des faux témoignages sous serment. »

Des rapports météo censurés

Par ailleurs, en 1993, un précédent rapport au Sénat – Rapport Donald W. Riegle Jr. du nom d'un sénateur démocrate du Michigan – révélait que les « gouvernements américain et saoudien ont censuré les données météorologiques concernant la période de l'offensive », interdisant ainsi l'accès à une information de la plus haute importance. Elle aurait en effet permis immédiatement de déterminer la direction des vents transportant des particules toxiques et d'alerter les troupes au sol de façon efficace. Un groupe d'experts contrôlant un site pétrolier à la même époque dans le Golfe relevait des vents de nord-ouest/sud-est, plaçant « sous le vent », donc en zone à haut risque, les troupes (y compris françaises, nous le verrons) engagées sur le sol irakien, le long de la frontière entre l'Irak et l'Arabie saoudite et au sud du Koweït. Outre les falsifications et disparitions de documents, les fausses déclarations et la rétention d'informations, James J. Tuite dénonce également, dans son rapport, témoignages à l'appui, les nombreuses pressions exercées sur certains témoins par la commission d'enquête du ministère de la Défense et les tentatives de discrédit dont il a lui-même fait l'objet.

Au-delà de cette dénonciation, la question posée par James J. Tuite est de savoir si les militaires et les civils sur le terrain ont ou n'ont pas été exposés à des substances chimiques toxiques et si cette exposition peut ou non être la cause des maladies en question. « Je compare souvent la réaction du gouvernement à celle des individus qui, lors d'un accident de la route, polémiquent inutilement pour savoir s'il y a eu un accident pendant que des passagers ou des piétons perdent leur sang», dit-il en soulignant l'urgence d'aboutir à des conclusions qui permettraient avant tout la mise en place d'une politique de dépistage, de prévention et de protocoles thérapeutiques adaptés. Contrairement aux affirmations du gouvernement américain qui estime que le nombre de soldats exposés aux substances toxiques dégagées par le bombardement de sites irakiens se limite à ceux qui s'étaient trouvés aux abords directs du site de Khamisiyah après la guerre, le rapport de Tuite affirme et démontre que ces agents chimiques étaient présents dans des zones où des centaines de milliers de soldats de la Coalition étaient basés dans la période qui précéda l'offensive terrestre.

Immédiatement avant l'opération «Bouclier du désert» et pendant l'opération elle-même, une activité météorologique dépressive avec une activité nuageuse de basse altitude s'est mise en place sur la région occupée par les forces de la Coalition. Si la carte météorologique du 17 janvier est restée introuvable au Centre national d'information climatique américain, James J. Tuite a consulté les cartes du 18 au 24 janvier et le rapport officiel sur *Le temps pendant la guerre du Golfe* publié par les forces aériennes des États-Unis, en 1992. Il publie également dans son rapport les photos aériennes météorologiques produites par le satellite NOAA-11, dont une imagerie par infrarouges. Cette étude très précise du mouvement des vents nocturnes et diurnes et de la circulation des masses d'air chaud lui a donc permis de démontrer qu'effectivement des nuages de micro-particules toxiques ont touché les zones occupées par les troupes de la Coalition. Il tient compte également des chutes de pluie fréquentes pendant cette période.

Les systèmes de détection et d'alerte chimiques mis en place par les armées américaine, britannique, française et les données relevées par le laboratoire mobile de détection tchèque confirment les conclusions du rapport Tuite. «Les trois principales puissances qui ont participé à la guerre du Golfe en 1991, les États-Unis, la Grande-Bretagne et la France, dit-il, prévoyaient toutes l'utilisation d'agents chimiques par l'armée irakienne. Ces gouvernements ont apporté une panoplie d'équipements de détection et d'identification de ces produits. Les Tchèques ont utilisé les équipements soviétiques comme le GSP-1, GSP-11 ainsi qu'un laboratoire chimique mobile. » Un tableau (cf. page suivante) publié dans un document du ministère américain de la Défense lui donne raison. Il recense les principales détections d'agents chimiques connues entre le 17 et le 24 janvier 1991.

Du 24 janvier au 28 février, « les alarmes automatiques de détection des agents neurotoxiques par ionisation n'ont pas cessé de se déclencher dans les secteurs occupés par les troupes américaines et autres forces de la Coalition », dit le rapport Tuite. Selon des responsables du ministère de la Défense qui ont témoigné devant le Sénat américain le 24 mai 1994, les 14 000 alarmes mises en place par l'armée américaine se sont déclenchées en moyenne trois fois par jour durant les offensives aériennes et terrestres. Mais, à nouveau, on ne dispose plus d'information officielle permettant de relever les principales détections d'agents chimiques sur le théâtre des opérations après le 23 janvier. James J. Tuite explique cela par plusieurs raisons. En premier lieu, une directive du commandement central des opérations, datée du 23 janvier, a intimé l'ordre à ses subordonnés de ne pas prendre en considération les détections des Tchèques. Pendant longtemps, le Pentagone a nié avoir eu connaissance du message tchèque. Cependant, dans son journal de guerre, le général Schwarzkopf, commandant des troupes de la Coalition, écrivait à propos de l'alerte du 19 janvier, « l'unité tchèque a décelé 2 % HO – code signifiant matière chimique toxique – dans l'air à 11 h. Monté à 3 % à 13 h. C'est la naissance d'une fausse rumeur qui a circulé cet après-midi. Expliquer que cela est impossible ». Plus tard, le ministère amé-

Principales détections d'agents chimiques du 17 au 24 janvier 1991

Date	Site et unité	Origine de l'appareil	Nature
17.01.91	Nord-Ouest de Hafar Al Batin (unités françaises)	USA	Agent neurotoxique inconnu
19.01.91	Nord de Hafar Al Batin (unités françaises)	Tch. Unité de détection chimique	Sarin
19.01.91	KKMC (unités françaises présentes)	Tch. Unité de détection chimique	Agent neurotoxique inconnu
19.01.91	30 km de KKMC (unités françaises)	France	Agent neurotoxique inconnu
19.01.91	30 km de KKMC	Tch. Unité de détection chimique	Confirmation de la détection française
19.01.91	KKMC (unités françaises)	Tch. Unité de détection chimique	Gaz moutarde
19.01.91	Jubayl	Grande-Bretagne	Agent mélangé/après une explosion
19.01.91	Jubayl	USA – NMCB-24	Agent mélangé
20.01.91	Nord-ouest de KKMC (unités françaises)	USA	Agent neurotoxique inconnu
20.01.91	Près de KKMC (unités françaises)	France	Agent neurotoxique inconnu
20.01.91	Secteur français	Tch.	Sarin/tabun
21.01.91	KKMC (idem)	France	Agent neurotoxique inconnu
21.01.91	KKMC (idem)	Tch. Unité de détection chimique	Sarin/tabun/gaz moutarde
21.01.91	KKMC (idem)	France	Agent inconnu
22.01.91	Rafha (unités françaises)	USA	Agent neurotoxique inconnu
23.01.91	KKMC (unités françaises)	Tch. Unité de détection chimique	Agent inconnu
23.01.91	Près de KKMC (unités françaises)	Tch. Unité de détection chimique	Traces de gaz moutarde
23.01.91	Commandement central des opérations	USA – cellule NBC du Centcom (Nucléaire/Biologique/Chimique)	Ne tient pas compte des rapports de l'unité tchèque
17 au 23.01	Théâtre des opérations – Koweït (KTO)	USA	Agent neurotoxique inconnu

ricain de la Défense validera les informations tchèques et le ministère tchèque de la Défense reconnaîtra que 10 au moins des 185 membres de l'unité de détection chimique souffrent de pathologies identiques à celles du Syndrome de la guerre du Golfe. Ensuite, ordre a été donné aux unités américaines de ne pas tenir compte des équipements de détection. Enfin, en refusant de lever le secret-défense sur les archives du commandement central concernant les aspects nucléaires, biologiques et chimiques de la guerre, le ministère américain de la Défense prive les enquêteurs de données précieuses.

Les conclusions du rapport américain : 1 seul cas reconnu

Que conclut, à ce sujet, le rapport du comité – conseil présidentiel pour les maladies des Vétérans de la guerre du Golfe : « Le ministère de la Défense n'a reconnu qu'un cas d'exposition aux agents chimiques de guerre, celui du sergent Fisher exposé à une faible quantité de gaz moutarde alors qu'il était entré dans un bunker irakien. Le diagnostic a été établi sur la base de petites brûlures sur ses bras relevant de l'exposition au gaz moutarde. Le ministère de la Défense a aussi confirmé la détection d'agents neurotoxiques relevée par les unités tchèques, mais n'a identifié aucune source ni soldat ayant pu être exposé. Le ministère de la Défense a confirmé la présence d'agents neurotoxiques à Khamisiyah en mars 1991 et le comité a conclu que l'on pourrait suspecter des soldats engagés dans des activités de destruction et de nettoyage de sites militaires irakiens d'avoir été exposés à un certain niveau d'agents neurotoxiques. Le comité ne présume cependant pas que cela puisse impliquer des effets à long terme. Le ministère de la Défense poursuit ses recherches. En dehors du cas Fisher, le ministère de la Défense ne rapporte aucun signe d'empoisonnement par exposition à des agents chimiques de guerre dans le théâtre des opérations sous surveillance médicale. Selon les représentants du corps médical de l'armée américaine qui était responsable de la formation du personnel quant aux signes et symptômes d'expositions à ces agents, aucun empoisonnement par des substances comme le sarin ou le soman n'a été relevé. Un représentant médical a cependant émis la présomption d'un bas niveau d'exposition à un agent neurotoxique suite à l'évaluation médicale de certains Vétérans. »

Les signes immédiats et les symptômes d'exposition à un agent neurotoxique de combat sont décrits par le rapport final en termes d'« irritation et lésion des tissus, lésion des yeux et de la peau, problèmes respiratoires et gastro-intestinaux ». « Généralement, les symptômes apparaissent dans un délai variable de quelques heures après l'exposition. » Concernant les effets à long terme, le rapport se réfère à une expérience réalisée de 1955 à 1975 sur 1 400 soldats américains « exposés intentionnellement à des gaz neurotoxiques de combat ». Les conclusions de cette « expérience » montrent que, à dose minime, « il n'y a aucun danger pour la santé de l'homme à long terme de type effets mentaux, neurologiques, hépatiques, ou sur la reproduction ». Tout en notant une augmentation statistique significative des hospitalisations pour des néoplasmes malins, le rapport ajoute : « Le nombre des admissions est minime et ne montre donc aucune relation entre les tumeurs et l'exposition chimique. » Il fait également référence au cas de 77 ouvriers exposés au gaz sarin chez lesquels les électroencéphalogrammes ont révélé des lésions du cerveau un an après l'exposition. Mais, dit le rapport, « les experts n'ont pas pu faire la différence entre l'électroencéphalogramme d'une personne exposée et celui d'une personne non exposée. La relation ne peut être clairement établie ». Il signale que des recherches sont en cours sur les effets des gaz de combat pendant la guerre du Golfe dans les centres de recherches sur l'environnement de Boston et Portland.

Concernant particulièrement le gaz « moutarde », le rapport reconnaît les effets sur la santé des personnes exposées : divers cancers du système respiratoire, cancer de la peau, ulcérations chroniques de la peau, maladies chroniques des yeux, désordres psychologiques divers, leucémies. Mais il conclut que si l'exposition à de tels agents chimiques provoque un empoisonnement immédiat et grave et des effets à long terme, les études actuelles n'indiquent pas que ces effets sont présents dans le cas d'une exposition à faible dose. « Il est donc improbable que les maladies décrites par les Vétérans de la guerre du Golfe aujourd'hui sont le résultat d'une exposition aux agents chimiques de combat et au gaz moutarde », conclut évidemment le rapport à ce sujet.

Le cas français

Je souligne que la situation des Vétérans anciens combattants français est très différente de celle des Américains : les nôtres (...) n'ont pas été engagés dans les mêmes zones. Alain Richard, ministre de la Défense, *Le Figaro*, 30 août 2000.

Selon le ministre français de la Défense, les troupes françaises ne se seraient pas trouvées dans les mêmes zones de combat que les troupes américaines et n'ont donc pas été soumises aux mêmes conditions de toxicité. L'argument est faible. Le tableau de l'armée américaine concernant les principales alertes chimiques, publié dans le rapport Tuite est déjà éloquent. Par ailleurs, les unités françaises ont côtoyé leurs homologues pendant des périodes variables dès leur arrivée à la Cité militaire du Roi Khaled, « King Khaled Military City » (KKMC) située au nord-est de l'Arabie saoudite et sur la base aérienne d'Al Ahsa au sud de la frontière entre l'Irak et le Koweït. Les propos du ministre de la Défense sont encore plus étonnants s'agissant de l'offensive terrestre menée par la division Daguet avec la 82e division américaine aéroportée dont la mission était d'ouvrir la voie au XVIIIe corps d'armée américain.

Dans son rapport sur la guerre du Golfe, *Conduct of the Persian Gulf War. Final Report to Congress*, le ministère américain de la Défense écrit : « À 4 heures du matin, les éclaireurs de la 6e division blindée légère avançaient en Irak. Trois heures plus tard, le gros des forces françaises attaquait sous une fine pluie. Son objectif était Al Salman, un petit aérodrome situé à peu près à 150 kilomètres à l'intérieur de l'Irak. Renforcés par la 2e brigade de la 82e division aéroportée, les Français ont franchi la frontière sans rencontrer d'opposition et ont attaqué en direction du nord. (...) Moins de sept heures après le début de l'opération, la 6e division blindée légère, soutenue par la 82e division aéroportée, a atteint ses objectifs et a poursuivi ses attaques vers le nord. » Le rapport fait également état aux côtés de la division Daguet de la 101e division américaine, le 501e aéroporté, unité médicale, la 18e brigade d'artillerie, le 2e bataillon du génie.

La preuve par les généraux français

L'organigramme de l'armée française intitulé *Constitution des groupements sur la base de départ – Jour J : le 24-02-1991* (voir annexe) ne laisse, lui non plus, aucun doute [1] tout comme l'ordre du jour n° 8 signé par le général de corps d'armée Roquejeoffre, commandant la Force d'Action rapide et des forces françaises stationnées en Arabie saoudite : « La division Daguet, aux ordres du général Janvier, placée sous contrôle opérationnel du XVIIIe corps d'armée US, a conquis les objectifs qui lui étaient

1. La division Daguet est organisée en deux branches. L'une entre en Irak par le « passage Nachez ». Elle est constituée du 2e R.E.I., 1er R.E.C., 2e Cie/6e REG, 11e R.A.Ma,1er Spahis, Craps (commandos), 3e et 1er R.H.P., appuyés par le 3e R.H.C. L'autre emprunte la route dite « Texas » par les passages « Falcon » et « Montcalm ». Elle comprend des Craps (commandos), le 3e R.I.M.A., la 18e brigade d'artillerie U.S., la 2e brigade/ 82e division aéroportée U.S., le PC division Daguet, le 1er Esc/1er R.H.P., le 27e bataillon du génie U.S. Ce déploiement s'effectue effectivement vers Al Salman, à environ 150 kilomètres au nord de la frontière, sur une largeur de 60 kilomètres. Le document « Objectifs et lignes de coordination alliées – Axes de progression (Baptême du terrain utilisé à l'E.M. Daguet) » note la progression des Français et des Américains jour par jour, heure par heure, vers Al Salman. (Voir la liste des sigles en annexe.)

assignés en 36 heures, par une percée audacieuse de 150 kilomètres en direction de l'Euphrate. Nos forces, vigoureusement appuyées par la 2e brigade de la 82e Airborne Division et la 18e brigade d'artillerie américaines, ont submergé la 45e division d'infanterie irakienne par une attaque sur deux axes en direction de la petite ville d'Al Salman. » Ordre du jour n° 8, Riyad, le 28 février 1991 à 8 h.

Le général de brigade Janvier, chef de la division Organisation logistique de l'état-major des armées, raconte[1] en 1991 : « Le 8 à 4 heures du matin à Villacoublay, le vent glacial balaie une piste enneigée. Istres, la Provence gelée, un DC 8 cargo emportant les bombes vers la base aérienne d'Al Ahsa... celles qui demain frapperont peut-être devant la division. Riyad : rapide contact avec les journalistes, plaisir d'en retrouver quelques-uns connus dans d'autres affaires antérieures. Le 9, arrivée à la division accompagné par le général de corps d'armée Roquejeoffre. Au poste de commandement : tous les chefs de corps. Première rencontre combien chaleureuse d'emblée avec les commandants de brigades américaines placées sous mon commandement : 2e brigade de la 82e division aéroportée, 18e brigade d'artillerie, 27e bataillon du génie et nombre d'officiers de liaison ou de spécialistes en divers domaines. (...) Nous serons les premiers en Irak, Français et Américains, côte à côte dans la division Daguet, car à la veille du jour de l'engagement, nous devons prendre pied en Irak pour y déployer nos éléments de premier échelon. »

Autre général, autre témoignage, celui du colonel Félix Peter, adjoint-feux de la division Daguet : « Une artillerie sol-sol puissante et variée puisqu'au 11e régiment d'artillerie de marine, unité organique de la division, équipé de dix-huit canons de 155 mm Trf1, s'ajoutent : la 18e brigade d'artillerie

---

1. Cf. *Les Troupes de Marine et le Golfe*, éditions Héraclès, 1991.

américaine avec ses soixante-quatre canons de 155 mm tractés, le 6-27ᵉ bataillon Multiple Launch Rockets System avec ses dix-huit lance-roquettes multiples dont trois sont équipés d'un missile d'une portée de cent trente-cinq kilomètres à la précision redoutable, le 1-120ᵉ bataillon de la garde nationale américaine et ses dix-huit canons de 155 mm montés sur châssis automoteur, enfin le bataillon de 105 mm de la 2ᵉ brigade de la 82ᵉ division aéroportée U.S. »

Une étrange odeur d'amande

Outre les agents chimiques toxiques dégagés par les bombardements, une partie des troupes françaises a achevé la destruction et le nettoyage de la zone d'Al Salman avec ordre de faire exploser armements, stocks de munitions et véhicules irakiens. Ils témoignent avoir obéi aux ordres, sans aucune tenue de protection, ignorant quels armements ou munitions ils détruisaient. Certains font état de phénomènes surprenants comme une odeur d'amande (qui caractérise le gaz sarin) ou un nuage bizarre et des réactions physiques telles que larmoiement, picotement des yeux et de la peau, étouffement, coma. Certains ont tenu un carnet de route dans lequel ils ont noté toutes les alertes chimiques depuis le 17 janvier, confirmant ainsi les éléments du rapport Tuite.

> « En fin d'après-midi, j'étais sur mon véhicule de l'avant blindé (VAB) pour vérifier le canon de la 12,7. À l'horizon, je vois des grosses lumières rouges et j'entends des explosions à 10 ou 11 secondes d'intervalle. Mon chef de section monte me rejoindre et lance une alerte car les vents étaient contre nous. Le Détalac a donné l'alerte peu de temps après. Tous les hommes se sont changés sous les tentes. Il fallait que je fasse vite car je devais rejoindre mon véhicule de l'avant blindé (VAB) pour démarrer et pressuriser l'intérieur avant l'arrivée de mon groupe. Une fois tout le

monde installé, nous n'avons pas enlevé les ANP (tenue de protection) car il y avait le risque que des gaz se soient introduits lorsque les portes n'étaient pas encore verrouillées. Ce furent les heures les plus longues de ma vie. Nous sommes restés sur place au moins trois heures en attendant les ordres. La S3P (masque) nous tenait tellement chaud et l'ANP était toujours trop serrée, j'avais l'impression d'exploser. De toute façon, il n'était plus question d'enlever l'ANP car le capitaine adjoint a pris place dans mon véhicule pour aller faire une reconnaissance à l'endroit où les explosions s'étaient produites. Après la reconnaissance, nous avons rejoint la compagnie puis nous avons quitté le secteur. Nous avons passé plus de six heures dans ces conditions. »

E. J. – 2e RIMA.

« On m'a demandé de conduire un convoi de véhicules militaires à KKMC. Le voyage a duré deux jours. Nous sommes restés une semaine à KKMC où nous avons côtoyé toutes les forces alliées. Nous avons eu des alertes de Scuds toutes les nuits. Il y en a un qui est tombé près de nous. Dès mon retour d'Arabie saoudite, je suis tombé malade. Mes transaminases étaient quatre fois plus élevées que la moyenne. J'étais très fatigué. J'avais des troubles intestinaux importants. J'ai été en arrêt de travail pendant six mois. Aujourd'hui, je suis toujours fatigué et mon taux de transaminases n'a pas baissé. »

G.F. – Quartier-Maître.

28 janvier 1991 : « Nous sommes à 10 km de la frontière pour contrôler tout un secteur et permettre aux divisions américaines de se mettre en place. (...) Pour l'instant, ce sont des bombardements tous les jours et des tirs d'artillerie d'une batterie américaine juste à côté de nous. Parfois,

les Irakiens répondent mais ils sont trop loin pour nous atteindre. Malgré tout on s'en méfie et on met nos tenues spéciales et nos masques à gaz. Les véhicules s'usent beaucoup, les bonshommes aussi surtout au point de vue moral, vivement qu'on en finisse, dix jours que je ne me suis pas lavé, cinq jours que je n'ai pas enlevé mes rangers pour être prêt en permanence. »

6 février 1991 : « Maintenant, on a des rations américaines (beurk), que du sucre et des conneries, rien à manger là-dedans, et toujours ce vent et ce froid, – 5 ° encore cette nuit, c'est plutôt dur de monter la garde dans ces conditions, en plus on n'y voit rien la nuit. Certains "fin de contrat" commencent à être rapatriés vers l'arrière. Je reste le seul camion, il faut que je reste pour dépanner les blindés, seulement moi, je ne suis pas blindé, c'est ça le hic ! » Y.M. dit avoir assisté à l'explosion d'une caisse de mines antipersonnel américaines, blessant et tuant plusieurs militaires français et américains. Il a été décoré pour avoir sauvé un véhicule de l'avant blindé (VAB) en panne. Dès son retour, Y.M. est tombé malade : fatigue chronique, douleurs musculaires, pertes de mémoire, impuissance sexuelle (après contrôle en 1996, il a su également qu'il était stérile), problèmes pulmonaires (il fera une embolie pulmonaire en 1996), crises de « tétanie », de violence. Son dossier médical militaire est épais, mais il ne peut y avoir accès. Il n'a jamais été informé des résultats des examens cérébraux et des scanners dont il a fait l'objet dans divers hôpitaux militaires. Il a quitté l'armée en 1995. Y.M., très malade aujourd'hui, est sous traitement antidépresseur permanent depuis plusieurs années. Son cas, comme beaucoup d'autres, a été classé « névrose post-traumatique ». « Non imputable au service. »

Y.M. – 2e REI.

1 – Une mère porte son enfant mort
© Hien Lam Duc / Agence Vu.

2

2 – Entraînement à la défense nucléaire, chimique, biologique (NBC)
© Boccon-Gibod / Agence Sipa Press.

3 – Pollution provoquée par les puits de pétrole en flammes
© Delahaye / Agence Sipa Press.

3

4 – « Autoroute de la mort » (Koweït-Irak)
bombardée après le cessez-le-feu par les avions américains A 10
© Philippe Wendling.

5 – Carcasses de chars irakiens sur l'« autoroute de la mort »
© Philippe Wendling.

6 – Convoi irakien attaqué par les alliés
© Wesley Bocxe / Agence Sipa Press.

4

6

5

V

7 – Poste de tir irakien après bombardement américain
© Chamussy / Agence Sipa Press.

8 – Il n'y a plus de place dans les lits, les enfants sont installés sur le sol
© Hien Lam Duc / Agence Vu.

8

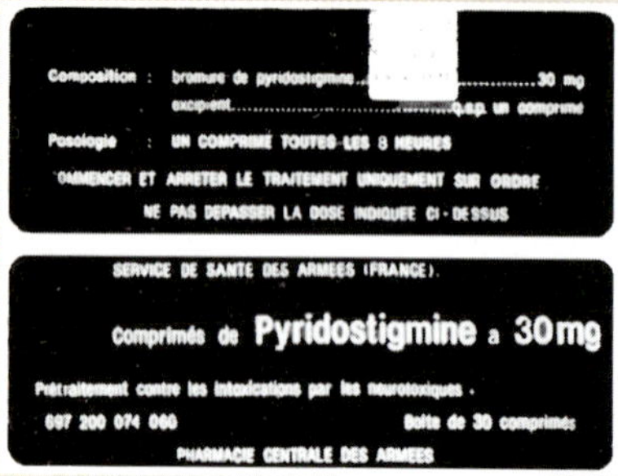

10

9 – Un adolescent épuisé soutenu par son grand-père
© Hien Lam Duc / Agence Vu.

10 – Boite de pilule « anti-neurotoxique » distribuée aux personnels français de la guerre du Golfe.

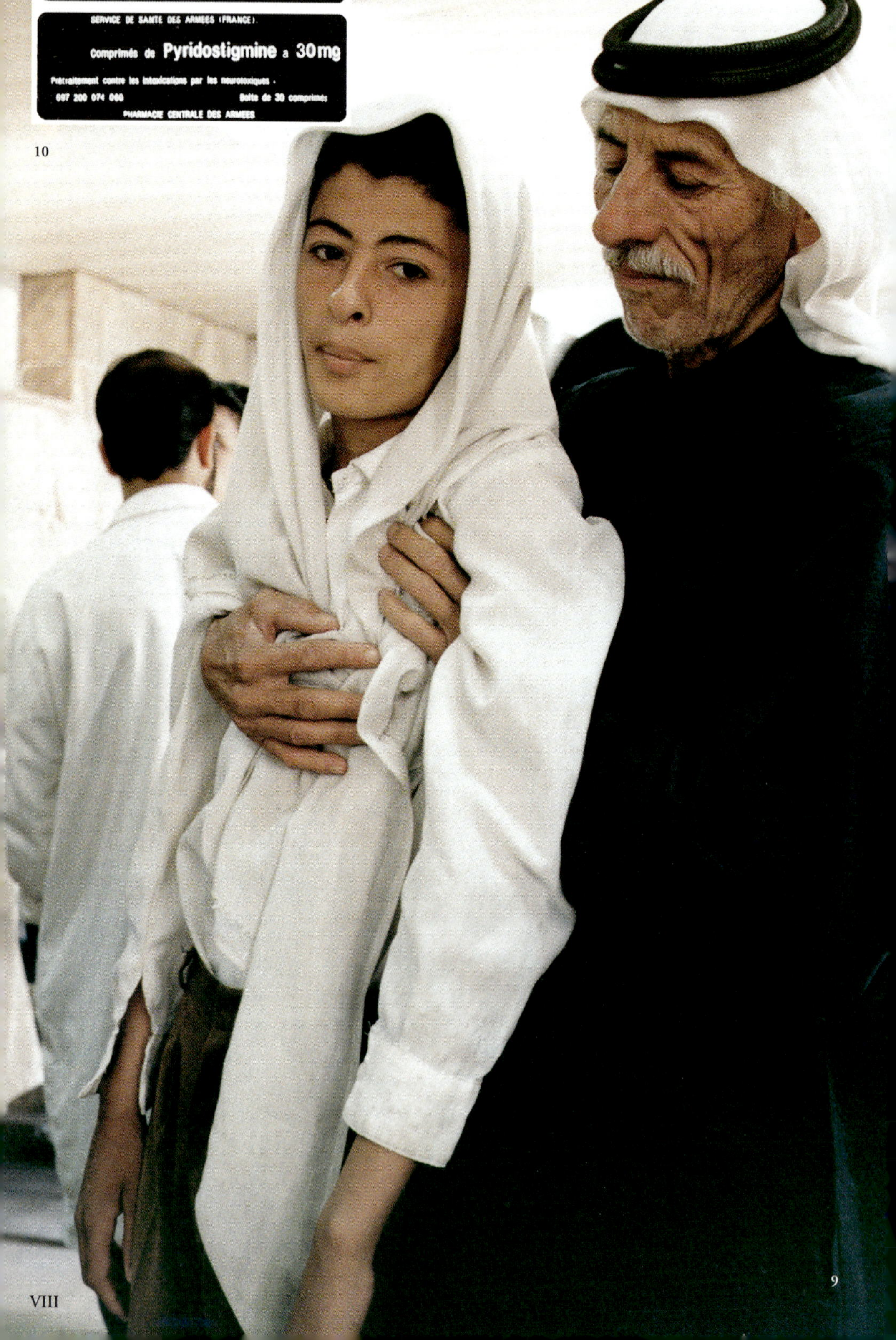

9

« Après le bombardement américain sur l'Irak, nous avons reçu l'ordre de partir d'Hafar Al Batin vers Rafha au nord-ouest, à 15 km de la frontière irakienne. Nous y sommes restés un mois. Au bout de sept jours environ, tous les Détalac de la 2e compagnie du 6e REG se sont déclenchés pendant vingt minutes suite au passage dans le ciel d'un nuage et de gouttes de pluie. Le colonel A. chef du Bureau de communication et d'information en a rendu compte au chef de corps, le colonel M. Les légionnaires de la 2e compagnie ont mis un certain temps à mettre leur tenue NBC. Toutes les alertes, à l'époque, étaient déclenchées sur ordre du général Janvier. Autre fait qui m'a marqué : j'ai intercepté un message écrit donnant l'ordre à tous les chefs de corps qu'en cas d'attaque chimique, les dépouilles des soldats français morts ne seraient pas rapatriées en métropole. Le 6e REG a reçu l'ordre de finir de détruire tous les dépôts d'armes irakiens alors que les soldats français étaient encore sur place pour une durée d'un mois, sans prendre la précaution de savoir si les munitions ou les bombes étaient chimiques et sans savoir avec quoi les Américains avaient bombardé le site avant notre arrivée. »

A.R. – 6e REG.

« Le détalac s'est déclenché souvent, mais le commandement nous disait que c'était dû à un mauvais fonctionnement. Pendant notre progression sur le fort d'Al Salman, nous avons rencontré des chars détruits et beaucoup de déchets de l'artillerie américaine. Après l'offensive, nous sommes restés en Irak encore longtemps. Mais avant l'offensive, nous avons brûlé dans le camp où nous étions, en Arabie saoudite, des tentes modulables et du petit matériel comme des machines à laver, des lits picot, des groupes électrogènes. Tout était parfaitement neuf. Le génie a reçu ensuite l'ordre de les enterrer. Je me souviens qu'une nuit, il y a eu une alerte. Je dormais dans ma tente individuelle et j'ai eu du mal à regrouper mon équipement NBC. J'ai senti des picotements sur le visage et j'ai eu du mal à respirer. J'ai même crié à mes camarades : "Ça y est, je suis gazé." Ils ont ri. Le gouvernement dit que nous n'avons pas stationné avec les Américains, je peux vous raconter par exemple, que quand je montais la garde la nuit, des soldats américains venaient échanger leurs rations U.S. contre les nôtres et ils étaient à pied. Ils n'étaient donc pas à 300 km ! Avant l'offensive, nous étions stationnés avec la 82e Airborne et pendant l'offensive, ils sont restés avec nous. »

E.C. – 4e régiment de dragons.

En 1997, *L'Yonne républicaine* publiait un article sous le titre : « Un ancien appelé victime du Syndrome de la guerre du Golfe » à propos d'un jeune de 22 ans originaire de l'Hérault tombé dans un coma profond quelques jours après son retour de la guerre du Golfe et qui souffre depuis de troubles neurologiques graves. « Y.T. (...), peut-on lire, après avoir souffert pendant quelques jours de migraines et de fatigue chronique, était tombé dans un coma profond, le 9 mai 1991, en France, quelques jours après son retour du Golfe. Le 17 juin, Y. était sorti de l'hôpital, victime d'un mal dont la "cause était inconnue". Depuis, Y. ne peut toujours pas exercer d'emploi en raison de fréquentes crises d'épilepsie, de migraines et de fatigue chronique. Il pourrait avoir été affecté par des tirs d'armes chimiques. »

Le rapport de l'École française de défense nucléaire, biologique et chimique

Le 10 mai 1991, deux mois après la guerre, l'armée de terre française publiait un rapport de la Direction des études de l'École de défense nucléaire, biologique et chimique de l'armée de terre située à Bretteville-sur-Odon. Son objet : *Enseignements tirés des opérations militaires françaises dans le Golfe et relevant du domaine NBC.* « Dès le 9 août 1990 (soit quatre jours après l'invasion du Koweït par l'Irak), dit le rapport EDNBCAT-603-RDNBC/DE, l'École de défense NBC a participé aux opérations avec un volume significatif de ses cadres. Même s'il paraît osé de tirer des leçons d'un non-événement (pas d'emploi "C") la présente fiche essaie de dégager des enseignements dans les trois domaines : qualification des personnels, valeur des matériels, emploi des moyens dans le cadre de la manœuvre Daguet. »

Concernant la qualification des personnels, le rapport relève une formation de base « souvent plus négligée dans les troupes professionnalisées que dans le corps de bataille (trop occupés ailleurs, les cadres font des impasses, on n'y croit pas). Elle a pour conséquence : des militaires du rang et des sous-officiers peu formés ignorants des connaissances de base et des officiers n'ayant gardé que des souvenirs de sous-lieutenant (...) À part les officiers détachés de l'École, le niveau était très variable. Certains officiers ont même été désignés sur le terrain alors qu'ils n'avaient reçu aucune formation ou qu'ils s'étaient formés sur le tas. »

Le chapitre « Valeur des matériels de défense NBC (nucléaire-biologique-chimique) » ne rassure pas davantage. Au sujet du matériel de protection S3P : « Son port est difficile, voire impossible par temps chaud » ! Si la température descendait au-dessous de zéro la nuit, il faisait plus de 40 durant la journée. Par ailleurs, alors que la guerre aérienne avait commencé un mois plus tôt, le rapport indique que « la tenue "NBC-Outre Mer" est arrivée dans le Golfe peu de temps avant les opérations terrestres et en nombre insuffisant, elle a essentiellement équipé les personnels navigants de l'ALAT (force aérienne) et certains commandos de recherche et d'action en profondeur (CRAP) ». Quant aux protections ANP51/53, « ce matériel ancien, peut-on lire, ne permet pas de boire, mais reste très sûr. Il a été très difficile d'obtenir des accessoires, notamment le tuyau pour porter la cartouche sur l'épaule». Autant dire que, dans ces conditions, elles étaient inutilisables.

Le bilan de la capacité de détection n'est pas moins édifiant. Concernant les appareils de détection d'alerte chimique, «des Détalac étaient en place jusqu'au niveau section, ce qui est très largement suffisant. (...) Ce matériel tout à fait apte à détecter les vapeurs neurotoxiques même en quantité infime (nettement en dessous du seuil dangereux) a subi de nombreuses pannes: ensablement et condensations liés aux écarts de température journaliers importants, délais de préfonctionnement trop longs (15 à 30 mn), incompatibles avec un combat offensif, fonctionnements intempestifs en présence de fumées diverses. Enfin, il ne détecte pas l'ypérite (gaz moutarde)». Le papier détecteur PDF1, que devait porter l'ensemble des troupes, qui change de couleur suivant le niveau d'exposition chimique n'a cependant, comme le note le rapport, pu être distribué en nombre suffisant: «Il n'était présent sur le théâtre d'opération qu'au sein des unités envoyées et avec des dotations réduites. Celles-ci n'ont pu être recomplétées. En résumé, s'il n'y avait pas eu les FOX (matériels des unités spécialisées américaines) nous n'aurions pas eu grand-chose alors que la détection est la clef de la défense chimique dans notre concept.» Quant aux indicateurs individuels de contamination, le rapport note «leur présence en nombre très insuffisant et les consignes d'utilisation délirantes», «leur nombre était trop faible au départ; la commande complémentaire a été honorée mais sans produit réactifs», «l'appareil très pratique d'emploi, était présent en nombre trop limité car à titre expérimental».

Malgré ce constat, le rapport conclut que «les moyens de la division Daguet ont fonctionné très correctement même si certains transmetteurs responsables de la station diffusion ignoraient encore, deux jours avant G. Day, le fonctionnement de leur matériel. D'une manière générale, le matériel NBC arrivant avec les unités en Arabie saoudite n'était pas au niveau (cartouches hors service ou cabossées, seringues périmées, manque de tenues de grande taille, pas d'effets de rechange). (...) En outre, la remise à niveau a constitué une charge pour les spécialistes envoyés par l'École d'autant plus importante que l'arme du matériel n'avait initialement pas prévu de 3e échelon». Ce qui signifie qu'il y a bien eu des alertes réelles, dont certaines de niveau 3. La conclusion insiste sur «l'incompétence doublée par un pillage permanent à chaque niveau de la filière», «des sous-gants carbonés courts et donc inutiles, le manque de tenue "pour les gros ou pour les grands" et le manque de rechange au bout de deux mois pour les gens de taille normale». Quant aux opérations individuelles de décontamination, elles ont le plus souvent été bâclées et non suivies de contrôle. Le rapport souligne le «manque d'eau» et le «manque d'expérience». On le voit, l'hypothèse de la contamination par des agents toxiques chimiques n'est pas à prendre à la légère. Elle a touché non seulement les troupes de la Coalition mais également les populations de la région.

Les recherches du professeur Haley : une approche scientifique concluante

Les recherches indépendantes sur les origines «multi-factorielles» des maladies non expliquées des soldats du Golfe se poursuivent aux États-Unis et dans certains pays d'Europe, notamment en Suède.

La difficulté consiste, en fait, à trouver une méthode scientifique concluante pour établir un rapport certain entre l'ensemble ou partie des symptômes et la présence dans le Golfe.

Une des plus récentes études, reconnue aujourd'hui par la communauté scientifique internationale, a été menée par le professeur Robert Haley et son équipe de l'université du centre médical du Texas[1], à Dallas. Ses premières conclusions ont été publiées en 1997, dans le numéro du 15 janvier du *Journal of the American Medical Association* (JAMA), les conclusions définitives, dans la revue *Radiology* en mai 2000.

L'équipe de Robert Haley a mené, de décembre 1994 à janvier 1995, une étude statistique sur, d'une part, 249 membres du 24e bataillon de construction de la réserve navale (communément appelé Seabees, bataillon du génie de la marine), qui ont servi dans différents endroits du théâtre des opérations et qui présentent des symptômes du « Syndrome de la guerre du Golfe » et, d'autre part, 18 membres du même bataillon en bonne santé. Ces scientifiques ont d'abord cherché à savoir si l'on pouvait parler de « Syndrome ». Un questionnaire a été soumis aux 249 réservistes sur leurs activités durant la guerre et sur leur état de santé par la suite. Les chercheurs ont relevé que les symptômes pointés par les Vétérans étaient décrits de manière ambiguë et se résumaient souvent à la « fatigue chronique » et « aux désordres liés au stress post-traumatique ». L'équipe a donc décidé de travailler avec des modèles mathématiques informatisés et a abouti à trois Syndromes primaires et trois secondaires. « Jusqu'ici, dit le professeur Haley, nous avons tenté de dégager des Syndromes à partir de symptômes ambigus. Ce n'est que lorsque nous avons mis en évidence les significations différentes de chaque symptôme que nous avons pu distinguer clairement les Syndromes eux-mêmes. À ce stade, nous n'avions que des données statistiques, il nous fallait prouver qu'ils correspondaient à des pathologies réelles. »

L'équipe du professeur Haley a alors entrepris une recherche sur la base de tests neurologiques très sophistiqués à partir d'un groupe de 23 Vétérans présentant des symptômes du « Syn-

1. University of Texas Southwestern Medical Center.

drome » et 20 en bonne santé dont la moitié avait participé à la guerre du Golfe. Des neurologues réputés ont examiné les résultats individuels et n'ont pu conclure à un diagnostic de maladie connue, confirmant en cela les rapports des médecins militaires et du département des Affaires des Vétérans (VA) concernant plusieurs dizaines de milliers de soldats. Cependant, « pouvoir comparer des Vétérans malades et en bonne santé a été crucial, dit le professeur Haley. Aucun test individuel ne montrait une anomalie pouvant aboutir à un diagnostic traditionnel. Mais la comparaison entre les deux groupes a révélé que les lésions des cellules nerveuses à différents endroits du système nerveux avaient une distribution précise et correspondaient à ce que l'on trouve dans le cas de lésions provoquées par des substances chimiques ».

Parallèlement, des tests psychologiques étaient effectués par le docteur Jim Horn, neuropsychologue de l'équipe, pour évaluer les névroses post-traumatiques, les stress du combattant, les dépressions profondes, les simulations de maladie et autres troubles psychologiques. Le docteur Jim Horn a conclu à l'absence de ces symptômes chez les soldats en observation.

C'est la théorie des interactions chimiques présentée en 1994 par le docteur Tom Kurt, toxicologue et également membre de l'UT-Southwestern, qui a conduit l'équipe Haley à émettre l'hypothèse que les Vétérans avaient été soumis à des expositions chimiques et que là se trouvait sans doute une partie majeure de la réponse aux questions posées par le « Syndrome ». « Cette stratégie analytique s'est montrée fructueuse, dit le rapport Haley. Les facteurs de risque suggérant des interactions entre des agents neurotoxiques à bas niveau, tel que le bromure de pyridostigmine, des pilules anti-neurotoxiques fournies par les militaires aux combattants de la guerre du Golfe, et des substances chimiques telles que les insecticides, les colliers anti-puces employés par certains soldats contre les insectes, étaient quatre à huit fois plus importants chez les anciens combattants présentant les Syndromes. »

La recherche de l'équipe Haley rejoint les expériences réalisées, deux ans après la guerre du Golfe, par des chercheurs de l'Inde sur des animaux de laboratoires exposés pendant plusieurs jours à des faibles doses de gaz sarin, gaz de combat repéré par le laboratoire mobile tchèque dans les zones de combat situées au nord de l'Arabie saoudite en janvier 1991. Les animaux présentaient des lésions neurologiques et cérébrales chroniques. En 1998, les chercheurs du centre médical de l'Université de Duke (USA) avaient également annoncé que des insecticides et pesticides tels que le Deet, les colliers anti-insectes et la pyridostigmine appliqués sur des poules de façon associée avaient des effets neurotoxiques.

En décembre 1996, le professeur Haley lançait une recherche en collaboration avec le centre médical du département des Affaires des Vétérans à partir de soldats malades et en bonne santé de la région de Dallas et étudiait parallèlement les mécanismes de base des lésions provoquées par l'interaction des substances chimiques et toxiques. Les résultats définitifs de cette longue et rigoureuse recherche à la fois statistique et clinique publiés dans la revue *Radiology* ont mis en évidence des anomalies du même type que celles que l'on trouve dans certaines maladies neuro-dégénératives telles que la sclérose latérale amyotrophique, ou des démences avec des atteintes de différentes régions cérébrales. La méthode utilisée, la spectroscopie par résonance magnétique, a montré chez les sujets malades de la guerre une perte cellulaire de 20 % au niveau du tronc cérébral et de 5 à 12 % au niveau des noyaux gris. Robert Haley et son équipe ont déterminé trois niveaux suivant la gravité de la perte cellulaire.

Le « Syndrome 1 – troubles cognitifs » correspond à des symptômes tels que distraction, troubles de mémoire, dépression, insomnie moyenne ou définitive, somnolence diurne, bredouillage, confusion, maux de tête migraineux. Il est identifié, par exemple, chez les soldats soumis aux insecticides et pesticides.

Le « Syndrome 2 – confusion, ataxie » correspond à des symptômes tels que confusion et désorientation, étourdissement, déséquilibre, vertiges, troubles cognitifs et du raisonnement, impuissance sexuelle. Il est identifié chez les soldats présents lors d'une alerte chimique, comme effet secondaire de la pyridostigmine, chez des soldats s'étant trouvés à proximité de Khafji le 20 janvier 1991 et chez des Vétérans plutôt âgés. Le rapport Haley souligne que les Vétérans présentant le Syndrome 2 sont en plus grand nombre au chômage.

Le « Syndrome 3 – arthro-myo-neuropathie », dont les symptômes sont les douleurs musculaires et articulaires, les pertes de tonus musculaire, les picotements ou pertes de sensation dans les mains et les pieds et la fatigue musculaire, est provoqué par ceux des insecticides et pesticides utilisés par l'armée qui contiennent 75 % de Deet et par les effets secondaires des pilules de pyridostigmine.

La démarche scientifique de l'équipe du professeur Haley est essentielle. Partie d'une étude statistique dont elle a reconnu les limites, elle a entrepris très rapidement des examens cliniques et des recherches à partir des malades. Le professeur Haley a pu ainsi mettre en évidence la complexité du « Syndrome » et l'origine multifactorielle des pathologies ou symptômes, et établir scientifiquement le lien entre certains agents toxiques présents sur le terrain et les maladies des Vétérans. Les autorités américaines et le comité-conseil du Président ont rejeté cette recherche.

On retrouve le même type de lésions que celles qui ont été étudiées par l'équipe de l'université du Texas chez certains soldats et civils français du Golfe.

En septembre 2000, l'association Avigolfe a demandé aux autorités françaises d'entreprendre un programme de recherches à partir de ces malades en s'inspirant de celui du professeur Haley (voir en annexe). Un groupe d'experts dirigé par le professeur Salamon, épidémiologiste, et auquel participent deux militaires a été officiellement nommé. La France suivra-t-elle l'exemple donné par les autorités américaines ou donnera-t-elle à ses scientifiques les moyens de se pencher sur l'origine des maladies plutôt que sur des statistiques ?

La fumée noire des puits de pétrole

À la fin de la guerre, les rapports militaires américains ont fait état du bombardement de plus de 600 puits de pétrole au Koweït et de la destruction totale des installations pétrolières, des raffineries, des dépôts d'essence et des usines pétrochimiques en Irak. Dès les premiers jours de l'opération « Bouclier du désert », un épais nuage noir a assombri le ciel du sud irakien et du Koweït s'étendant rapidement au-delà des frontières, sur toute la région. Une poussière grasse s'est abattue sur les navires stationnés dans les eaux du Golfe, sur les troupes au sol, sur les populations, suffisamment épaisse pour voiler le soleil en plein jour. Une campagne médiatique avait alors été lancée accusant les Irakiens d'une catastrophe écologique sans précédent. Comme d'autres, cette information s'est révélée fausse après coup, les bombardements criminels aux termes des conventions internationales sont bien le fait des forces aériennes de la Coalition. Tout comme avait été mis en scène dans un studio de New York le « massacre » des bébés koweïtiens sauvagement arrachés à leurs couveuses, le cormoran couvert de goudron, présenté « en boucle » sur les écrans de télévision pour émouvoir l'opinion publique internationale, avait en réalité été emprunté aux images de la marée noire provoquée en Alaska par le pétrolier *Exxon Valdez* le 24 mars 1989. Cependant, l'incendie des puits de pétrole a bien été une catastrophe écologique et c'est à juste titre que l'on a avancé alors des chiffres inquiétants sur le développement de cancers provoqués par la toxicité des fumées : au sein des populations de la région comme chez les personnels civils et militaires ayant participé à la guerre du Golfe, les cancers du poumon et les lymphomes sont effectivement présents dans des proportions qui méritent que l'on y prête attention.

Comme nous l'avons montré dans le chapitre consacré au « Syndrome de la guerre du Golfe », les témoignages sont nombreux, notamment aux États-Unis et en France, de soldats qui déclarent souffrir de maladies graves. Pourtant, cela n'empêche pas Alain Richard, ministre français de la Défense, de déclarer : « Des hommes qui meurent d'un cancer à 40 ou 50 ans, malheureusement, il y en a chaque année et l'origine de ce cancer est autre chose que la présence dans le Golfe [1]. »

Le rapport américain : supernuage, pollution limitée !

Fidèle à sa logique, le comité-conseil présidentiel américain minimise aujourd'hui dans son rapport final le volume et les effets des émanations toxiques des puits de pétrole en feu. « Contrairement à d'autres facteurs, dit-il, l'exposition aux fumées de puits de pétrole en feu est mieux caractérisée. De nombreux personnels américains qui sont restés dans le Golfe après l'incendie des puits pourraient avoir été exposés. Les puits en flammes ont été localisés dans l'est du Koweït, principalement au sud de Koweït City. Les nuages de fumée se sont élevés et regroupés en un "supernuage" qui pouvait être vu à des centaines de kilomètres et voilait parfois le soleil. Les nuages de fumée sont tombés sur le sol, enveloppant les troupes qui se trouvaient là. Les niveaux d'exposition des soldats ne sont pas certains, mais on peut accéder à une information locale et régionale. » Des agences américaines ont, explique ensuite le rapport, effectué des contrôles de l'air « pendant les incendies » mais n'ont pas trouvé de niveaux de polluants pouvant provoquer

1. *Le Figaro*, 30 août 2000.

des effets à long terme sur la santé. En réalité, ces « agences », dont l'Agence de l'armée américaine pour l'hygiène de l'environnement (U.S. Army's Environmental Hygiene Agency), dépendent des autorités américaines et ont procédé à leurs relevés en mars 1991 et de mai à décembre 1991, après la dissolution de la majeure partie des fumées toxiques dans l'atmosphère. « Les données, dit le rapport présidentiel, indiquent que, malgré l'apparence dramatique des nuages de pétrole, les niveaux étaient étonnamment bas. Les équipes de recherche ont constaté que les taux d'oxyde de nitrogène, de monoxyde de carbone, de dioxyde de soufre, de sulfure d'hydrogène et autres gaz polluants ainsi que les hydrocarbures aromatiques polycycliques étaient plus bas que prévu et n'excédaient pas ceux de l'air d'une ville industrielle américaine classique. »

« Certains personnels ont été exposés »

Concernant le risque d'exposition aux particules toxiques pour les troupes américaines du Golfe, le rapport présidentiel ajoute, cependant : « Il existe peu de données sur une exposition potentielle des personnels américains aux vapeurs d'essence ou aux produits de la combustion. Les véhicules et machines diverses utilisés dans le Golfe ont pu être également un facteur d'exposition à des substances dérivées du pétrole. » Les auteurs du rapport font référence au carburant des véhicules et des avions utilisé pour brûler les déchets des camps, « supprimer » la poussière, alimenter les chauffages dans les tentes dont il souligne la mauvaise aération. – Les soldats français n'ont pas connu ce « luxe », ils peuvent finalement s'estimer heureux d'avoir souffert durement du froid nocturne (entre – 5 ° et – 10 °), dans leurs tentes légères ou sur les banquettes des véhicules ! – Le ministère américain de la Défense signale quatre hospitalisations dans les hôpitaux de campagne de soldats asphyxiés par le monoxyde de carbone. « Une telle utilisation, souligne le rapport, conduit à une augmentation des vapeurs d'essence et de l'exposition aux produits de la combustion. Certains personnels américains (lesquels et combien, le rapport ne le dit pas) ont été exposés à des substances comme le benzène, le toluène, le xylène, et à des produits de la combustion comme le monoxyde de carbone, le dioxyde de soufre, le dioxyde de nitrogène, des particules de plomb et autres polluants. »

Que conclut le rapport du comité-conseil présidentiel américain sur le sujet ? « Se basant sur les résultats des recherches sur les humains et sur les animaux concernant les effets sur la santé de l'exposition aux fumées de puits de pétrole incendiés, et sur les données dont il dispose, le comité conclut qu'il est improbable que l'exposition à la fumée des puits de pétrole en feu soit responsable des symptômes rapportés aujourd'hui par les Vétérans. »

CHAPITRE 6

Un cocktail de vaccins

Les nôtres n'ont pas été soumis à une combinaison de vaccins dont certains peu éprouvés.

Alain Richard, ministre de la Défense,
Le Figaro, 30 août 2000.

« *Outre les risques médicaux inhérents aux conflits modernes, brûlures, traumatismes multiples liés à la puissance des nouvelles armes, effets du souffle et lésions en neurochirurgie, il a été nécessaire de prendre en compte un certain nombre de facteurs spécifiques. L'environnement et le climat nécessitent l'étude de vaccinations adaptées et conseils appropriés pour lutter contre les fortes températures.* » – Médecin en chef Rouveure, chef de la section d'information et de relations publiques du service des armées, extrait de *Le Service de santé au Moyen-Orient* (mars 1991)[1].

Vaccinations en chaîne

Les soldats français envoyés dans le Golfe ont reçu un certain nombre d'injections avant leur départ. Vaccins contre la ménin-

1. Cf. le bulletin de l'assurance générale des personnels militaires (AGPM), mars 1991.

gite (méningo A et C), la malaria, l'hépatite B, le choléra, la typhoïde, le tétanos, la diphtérie, la polio, la grippe, ainsi que gammaglobulines et « prophylaxie » figurent, en effet, sur leurs carnets de vaccination. Un cocktail banal, selon les autorités militaires, dans le cadre d'une mission extérieure. En revanche, comme leurs collègues américains, les soldats français ont également été vaccinés sur le terrain sans connaître la nature des vaccins qui leur ont été injectés. Selon les témoignages recueillis par l'association Avigolfe, les vaccinations dans le Golfe se faisaient à la chaîne au pistolet pneumatique. C'est également ce que racontent les Vétérans. « Les 750 personnes du porte-avion et l'ensemble des unités de combat des cinquante bateaux ont été vaccinées en une seule fois, témoignait Nick Kresch, ancien militaire de réserve de la marine américaine, interviewé par la télévision britannique BBC-Channel 4, le 28 octobre 1993. (...) Vous vous mettiez en une seule ligne et vous receviez six injections. Personne ne vous disait ce que c'était, vous ne saviez rien. » Robert Lake, ancien du 11e atelier de blindés de l'armée britannique raconte : « Un médecin et deux infirmiers sont venus administrer des injections à tout l'atelier en nous disant que c'était contre l'anthrax. Nous avions déjà reçu un vaccin contre l'anthrax et j'ai demandé pourquoi une nouvelle injection. "Un complément, m'a dit le médecin, c'est une version militaire, c'est meilleur pour vous". » Robert Lake n'a jamais su de quoi il s'agissait. Par ailleurs, pour avoir refusé d'injecter des produits non homologués aux soldats du Golfe, le médecin américain Yolanda Huet-Vaugh a été condamnée à 30 mois de prison.

L'affaire de l'anthrax

Ce n'est que récemment que le vaccin contre l'anthrax et celui de la toxine botulique (BT) administrés aux soldats à l'occasion de la guerre du Golfe ont été soupçonnés d'être à l'origine de certaines pathologies des Vétérans. Ce sont les premières conclusions d'études menées aux États-Unis et en Suède par des laboratoires universitaires qui ont apporté cet éclairage. L'anthrax est une maladie transmise par le mouton et les vaches. La toxine botulique est le produit de la fermentation de la bactérie clostridium botulinum naturellement présente dans le sol et que l'on trouve dans la viande et les légumes. Elle est également utilisée dans les armes biologiques développées dans plusieurs pays. L'armée américaine – mais était-elle bien la seule ? – a procédé, à l'époque, préventivement, à la vaccination de 150 000 soldats contre l'anthrax et de 8 000 contre le BT. Selon le rapport présidentiel, ces personnels ont reçu « au moins » une injection. Il souligne également que les rapports médicaux sur ce sujet sont « totalement inadéquats ».

Le vaccin contre l'anthrax a été homologué en 1970 par l'Administration pour les aliments et les médicaments, la Food and Drugs Administration (FDA), institution américaine chargée du contrôle et de l'autorisation de mise sur le marché des produits alimentaires et pharmaceutiques. Mais, « depuis 1967, jusqu'à la guerre du Golfe, dit le rapport, plus de 20 000 inoculations ont été administrées à une "population à risque", personnels de laboratoire, vétérinaires ou ouvriers des industries de la laine. La FDA "encourage" les services de santé et les producteurs de ce vaccin à signaler les cas de réaction grave aux vaccins homologués. Elle n'a reçu aucune information de ce type concernant le vaccin contre l'anthrax. »

Dysfonctionnement du système immunitaire

En 1994, Pamela Asa, professeur et chercheur en biologie moléculaire, conduit dans son petit laboratoire sans prétention du Tennessee une recherche qui lui permet d'avancer pour la première fois la théorie selon laquelle l'une des causes des nombreuses pathologies inexpliquées des Vétérans pourrait être un dysfonctionnement du système immunitaire provoqué par certaines immunisations. Une substance expérimentale aurait été introduite dans un vaccin, un adjuvant destiné à accélérer l'efficacité de l'immunisation. En 1994, croyant bien faire, elle contacte le colonel Dertzbaugh responsable du Bureau scientifique de la défense au Pentagone, pour exposer sa théorie. Il la renvoie à ses paillasses de laboratoire avec le plus grand mépris. En 1995, Pamela Asa regarde une émission de télévision sur le Syndrome de la guerre du Golfe et entend le témoignage du colonel Herbert Smith. Son attention et sa curiosité sont éveillées par les anomalies que présentent les mains de Smith. Elle lui téléphone, le rencontre et entreprend une recherche sur son cas. Elle demande des échantillons de vaccins au service du Pentagone qui lui sont refusés. Elle découvre que Smith présente un dysfonctionnement du système immunitaire. Elle utilise Internet pour expliquer sa théorie et attire aussitôt l'attention de Vétérans et de médecins qui ne savent pas expliquer et soigner leurs patients. Le docteur Charles Jackson de l'hôpital du département pour les Affaires des Vétérans lui signale que environ un quart de ses malades, anciens soldats du Golfe, ont des problèmes immunitaires. Pamela Asa procède alors par élimination pour trouver le vaccin qui pourrait être à l'origine de ces désordres et pourquoi. Elle découvre que, en 1991, un adjuvant a été introduit à titre expérimental dans trois vaccins testés sur des animaux et des humains sans l'autorisation de la FDA. Il s'agit du squalène, une substance sécrétée par le foie des requins utilisée dans les capsules vendues aux États-Unis pour renforcer le système immunitaire et pour la fabrication de certains cosmétiques. Un produit qui semble donc inoffensif. Cependant, des expériences effectuées dans les années 1970 sur des rats ont montré que, sous forme d'injection, le squalène provoque de l'arthrite et une maladie appelée alors « encéphalomyélite allergique expérimentale ». Ce qui conduit la FDA à refuser à cette époque l'autorisation d'introduire le squalène dans les vaccins.

Une contre-campagne en faveur du vaccin

Pendant que Pamela Asa poursuivait ses recherches malgré les attaques en règle lancées par les scientifiques du Pentagone et la hiérarchie militaire, le magazine américain *Insight on the News*, supplément du *Washington Times*, révélait que les experts du ministère de la Défense travaillaient secrètement à une théorie visant à prouver que cet adjuvant est efficace et sans danger. Parallèlement, le squalène était expérimenté par le centre médical militaire Walter Reed et l'Institut national de la Santé spécialisé dans le traitement de l'herpès, la malaria et le sida. Le centre militaire Walter Reed est le seul producteur officiel de squalène et a procédé à des tests secrets de vaccins anti-sida en Thaïlande pendant plusieurs années. Après la publication de l'enquête d'*Insight*, le ministère de la Défense et le centre Walter Reed ont prétendu qu'ils ne connaissaient pas cet adjuvant et ont nié pendant deux ans avoir administré des vaccins expérimentaux aux soldats du Golfe. Mais ils ont aussi refusé catégoriquement d'ouvrir leurs archives sur le sujet et orchestré une campagne à grande échelle en faveur du vaccin.

Les découvertes de l'équipe de Tulane

En 1995, alors que Pamela Asa avance lentement, des échantillons de sang prélevés sur des Vétérans malades sont remis à des chercheurs de l'université John Hopkins de Baltimore. Un scientifique du centre militaire Walter Reed leur demande d'entreprendre, dans le plus grand secret, une recherche très pointue sur une maladie auto-immunitaire et un rétrovirus particuliers. Les chercheurs ont demandé la collaboration du docteur Robert F. Garry, un spécialiste renommé des rétrovirus qui travaille au département d'immunologie et de microbiologie de l'école médicale de l'université de Tulane, à La Nouvelle-Orléans. La recherche fut effectuée, les échantillons congelés. En 1997, après la première publication de Pamela Asa, le docteur Garry ressort les tubes du congélateur et les compare aux nouveaux échantillons prélevés sur des Vétérans malades par sa consœur. Les deux chercheurs découvrent la présence de squalène et publient le 23 septembre 1999 leurs conclusions[1] : « Le Syndrome de la guerre du Golfe, dit le premier communiqué, signé par Pamela B. Asa, Yan Cao et Robert F. Garry, est une maladie multisystémique qui touche de nombreux Vétérans du Golfe. La pathologie moléculaire du Syndrome n'est pas identifiée. Nous avons cherché à déterminer si la présence d'anticorps au squalène est liée à celle de signes et de symptômes du Syndrome. »

L'équipe a ensuite mené une étude sur un groupe composé de personnes vaccinées en vue des opérations du Golfe, de Vétérans de la guerre, d'employés de l'armée, de donneurs de sang, de personnes présentant un lupus érythémateux ou portant des prothèses à la silicone et de malades de fatigue chronique. La recherche d'anticorps au squalène s'est révélée positive chez 95 % des malades de la guerre du Golfe et 100 % des personnels vaccinés en vue de l'opération du Golfe, mais qui ne sont pas partis et qui présentaient les mêmes signes et symptômes que les Vétérans. En revanche, ces anticorps étaient absents chez les Vétérans du Golfe qui ne présentaient pas de symptômes, chez les malades présentant une maladie auto-immunitaire ou chez les personnes en bonne santé figurant dans le groupe. Qu'ont donc en commun les Vétérans et les personnels militaires restés aux États-Unis, se sont alors demandé les chercheurs ? « Ils ont relevé leur manche pour être vaccinés », ont-ils répondu.

En juin 2000, une équipe de chercheurs suédois publiait également, dans l'*American Journal of Pathology*, les résultats de ses travaux sur les effets secondaires du squalène sur des rats. Cette recherche avait été menée conjointement par l'unité de rhuma-

---

1. L'équipe de Tulane a publié la méthodologie de sa recherche dans l'édition de février 2000 de la revue américaine *Experimental and Molecular Pathology*.

tologie de l'Institut Karolinska de Stockholm, le département des sciences médicales de l'hôpital universitaire d'Uppsala et le département de bio médecine de la division nucléaire biologique chimique du centre de recherches de l'armée, à Umea. Les conclusions de cette étude confirmées par le ministre suédois de la Défense sont claires. « Le squalène, qui est un précurseur du cholestérol, stimule le système immunitaire de façon non spécifique. Nous avons démontré qu'une seule injection intradermique de cet adjuvant peut provoquer dans certains cas des inflammations articulaires chroniques, une érosion des os et des cartilages et développer une polyarthrite. (...) Ce qui pose de nouvelles questions concernant le rôle des molécules endogènes par rapport aux propriétés de l'adjuvant dans les maladies inflammatoires chroniques. »

Selon l'association des Vétérans et des familles de Vétérans britanniques, le squalène est utilisé en Italie à titre expérimental dans les vaccins contre la grippe inoculés à des personnes âgées. L'arthrite apparaissant avec l'âge, les effets de cet adjuvant n'ont pas pu être repérés.

L'obstination de l'armée américaine

À la suite de ces conclusions, le ministère américain de la Défense a d'abord nié que les laboratoires de l'armée disposaient de squalène. Il a ensuite déclaré que le squalène n'avait jamais été utilisé, puis qu'il avait été utilisé mais seulement après la guerre, puis a admis qu'il avait été fabriqué avant la guerre mais jamais utilisé. Finalement, il a confirmé que le squalène avait été utilisé « outre-mer » pour des expérimentations pendant un certain nombre d'années, sans plus de précisions, et a continué d'ouvrir ses archives. En même temps, il a décidé d'accélérer la vaccination des 2,4 millions soldats d'active. Selon la revue du Pentagone *Quadriennal Defense Review* de 1997, « la direction militaire est particulièrement inquiète de la diffusion des armes biologiques et de la capacité du pays à défendre les forces américaines à l'étranger et les citoyens américains dans notre pays». C'est aussi l'avis des hautes autorités militaires exprimé dans le programme stratégique «Joint Vision 2010» qui adopte un concept opérationnel appelé «Full Dimension Protection (FDP – Protection tous azimuts» justifiant l'utilisation efficace de la vaccination «comme l'un des multiples moyens de protection du personnel militaire américain».

En mai 1998, le secrétaire d'État, William Cohen, approuvait le programme de vaccination des militaires, des membres de la garde civile et de l'armée de réserve. Vers la mi-octobre, approximativement 290 000 soldats avaient été vaccinés deux fois. Seulement 4 000 avaient reçu les six injections nécessaires. Vers la fin octobre, le Pentagone rapportait qu'il n'y avait eu qu'un cas de manifestation d'effets secondaires avec hospitalisation de 24 heures. Insuffisant pour être retenu. Cependant, en même temps, 30 membres de la base aérienne de Dover (Delaware) remplissaient un formulaire officiel réservé aux personnes ayant constaté des réactions au vaccin. Le «Family Research Council» (FRC), une association familiale proche de l'armée qui soutient «les programmes militaires visant à garantir la capacité des forces armées à intervenir en toutes circonstances et à tout moment», a également publié un important article très critique sur la campagne de vaccination contre l'anthrax dans lequel des militaires ont témoigné :

– Après avoir reçu deux des six injections, le capitaine Jonathan E. Richter, pilote de réserve, a développé des symptômes similaires à l'arthrite et décidé de démissionner avant de recevoir une autre série d'injections.

– Le capitaine Michelle Piel, pilote de forces aériennes à la base de Dover, a certifié au Congrès qu'elle avait eu une violente réaction au vaccin alors qu'elle assurait un vol humanitaire. Elle a été interdite de vol pendant un an.

– Robin Groll, des forces aériennes de la garde nationale du Michigan, a ressenti une grande fatigue après sa troisième injection et des problèmes d'élocution, des pertes de mémoire et des migraines après la quatrième. On a alors décidé d'arrêter son programme de vaccination sans pour autant reconnaître que ses symptômes étaient liés au vaccin contre l'anthrax.

Le Family Research Council rappelle qu'il est d'autant plus important d'être vigilant par rapport aux vaccins inoculés aux membres de l'armée que, pendant la Seconde Guerre mondiale, les soldats américains avaient été vaccinés contre la fièvre jaune sans autorisation de la FDA. On s'était aperçu plus tard que certains lots étaient contaminés par le virus de l'hépatite B, infectant 330 000 soldats dont 51 000 durent être hospitalisés.

Rapidement, un nombre croissant de militaires ont conclu que le vaccin posait des problèmes. Une campagne a été lancée par diverses organisations appelant à le refuser. Dans l'armée de l'air, de nombreux personnels ont démissionné ou essayé de faire reculer les délais de vaccination, créant un véritable problème de pénurie de pilotes confirmés aux forces aériennes. La polémique autour du vaccin contre l'anthrax a pris des proportions nationales telles que le Congrès a préparé un décret intimant au département d'État de suspendre les vaccinations «jusqu'à ce que le vaccin soit sûr et efficace et que soient sérieusement étudiés ses effets secondaires sur l'homme», rappelant que le vaccin n'avait été testé que sur les singes. Ce décret n'a pas été voté.

L'enquête du General Accounting Office

L'attitude du ministère américain de la Défense a conduit un député républicain à demander en août 1997 au General Accounting Office, le Bureau d'investigation du Congrès américain, de mener une enquête sur l'introduction illégale du squalène dans la fabrication des vaccins notamment contre l'anthrax. En mai 1999, le GAO présentait un premier rapport intitulé *Les Maladies de la guerre du Golfe : les questions sur la présence d'anticorps au squalène chez les Vétérans peuvent être résolues*[1]. Dans ce rapport, le GAO recommandait au ministère de la Défense d'« agir dès maintenant pour approfondir les recherches déjà entreprises » et de déterminer dans quelles mesures les anticorps au squalène sont présents chez un large groupe de Vétérans malades afin de valider les résultats. Le 25 octobre 1999, le GAO publiait un nouveau rapport : *Prévention médicale : le ministère de la Défense affronte de nouveaux défis dans l'application de son programme d'immunisation contre l'anthrax*. Le GAO y dénonçait les méthodes du ministère de la Défense pour évaluer le nombre de soldats ayant présenté des effets secondaires graves et assurait que le nombre de soldats malades après avoir été vaccinés était 70 fois supérieur aux chiffres du ministère. Le Centre national de Ressources sur la guerre du Golfe affirme aujourd'hui que le Pentagone est à court de vaccins. Le seul producteur américain, Bioport installé à Lansing dans le Michigan, est obligé de puiser dans ses réserves pour répondre aux besoins de vaccinations qui ont été limitées, jusqu'à nouvel ordre, aux troupes envoyées au Moyen-Orient et en Corée. L'armée a envisagé de faire appel à la Grande-Bretagne et à la Russie qui produisent des vaccins contre l'anthrax mais elle n'a pas reçu de la FDA l'autorisation d'importation aux États-Unis.

Le rapport du General Accounting Office, finalement rejeté par le ministère américain de la Défense, concluait : « Cette question est critique pour de nombreux Vétérans de la guerre du Golfe qui continuent de souffrir et ont attendu pendant les sept dernières années une explication sur la nature de leurs maladies. » Le rapport signale également que le GAO a découvert au cours de son enquête sur le vaccin contre l'anthrax que le ministère de la Défense a, depuis 1988, mis en place un protocole d'expérimentation de vaccin contre la malaria conte-

1. GAO/NSIAD-99-5.

nant du squalène. 500 sujets en 1988, 12 en 1990, 121 en 1994, ont ainsi servi de cobayes. Expérimentations auxquelles il faut ajouter les 342 personnes qui en Thaïlande ont reçu les vaccins expérimentaux contre le sida contenant du squalène.

Le débat sur la vaccination contre l'anthrax dépasse aujourd'hui le cadre médical et scientifique. Le Conseil national de sécurité (une des structures institutionnelles les plus importantes de l'État nord-américain) a exercé et exerce en effet un véritable chantage sur les puissances alliées, dont la France. « Les États-Unis sont un partenaire majeur dans les interventions, dit-il. Cependant, poursuit-il, aucun allié des Américains ne dispose de programme de vaccination obligatoire contre l'anthrax et si on ne vaccine pas les soldats très tôt avant les interventions, les morts seront nombreux sur le champ de bataille. Si les alliés ou les partenaires de la Coalition ne sont pas vaccinés, les plans militaires américains ne s'appuieront pas sur eux. L'armée américaine doit donc disposer de plans pour agir unilatéralement. Les États-Unis ont, de ce fait, la lourde responsabilité de disposer de suffisamment de forces prêtes à combattre seules deux guerres importantes à la fois. »

Des Français vaccinés ?

L'association Avigolfe relève dans son enquête de nombreux cas de soldats souffrant de douleurs et problèmes articulaires graves dont les médecins n'ont pas déterminé l'origine, de problèmes d'élocution, de pertes de mémoire ou de migraines violentes. Auditionné le 14 novembre par la mission parlementaire d'information, le médecin-général Bladé, directeur central du service de santé des armées au moment de la guerre du Golfe, affirmait que l'armée française avait remplacé le vaccin américain par un antibiotique. Mais il ajoutait également que la collaboration des médecins français avec leur confrères américains avait été très importante. « Des chirurgiens français portaient aussi le grade américain pour que nos amis nous reconnaissent, expliquait-il. C'est par eux que j'ai eu des renseignements sur l'anthrax. Mais si vous êtes avec les Américains, qui va jurer que votre camarade n'a pas donné un vaccin. Ça ne peut être que ponctuel et volontaire. C'est le personnel détaché auprès des Américains qui est concerné. » Par ailleurs, certains personnels français civils témoignent avoir été vaccinés contre l'anthrax sur le terrain par les médecins militaires de l'armée saoudienne auprès de laquelle ils étaient détachés dans le cadre de la guerre du Golfe, pour la maintenance des systèmes électroniques de l'armement acheté à la France.

CHAPITRE 7

Pilules contre les gaz de combat, Virgyl anti-sommeil, pesticides

La pyridostigmine, contre les gaz de combat

Contre les risques chimiques, le service de santé a mis au point des comprimés préventifs et une seringue automatique contre les effets des armes chimiques modernes (neurotoxiques). – Médecin en chef Rouveure, Bulletin mars 1991 de l'Assurance générale des personnels militaires.

Les soldats français n'ont jamais eu de pyridostigmine. – Colonel Estripeau, médecin-chef des armées, mai 2000.

Quelques soldats ont pu recevoir de la pyridostigmine. – Colonel Estripeau, Le Monde, 6 juin 2000.

Oui des soldats français ont eu de la pyridostigmine, mais ils ne devaient en absorber que sur ordre et l'ordre n'a jamais été donné. De toute façon, cela ne présente aucun danger. – Colonel Estripeau, Canal+, 7 juin 2000.

Les nôtres n'ont pas reçu d'antidote préventif aux armes chimiques (pyridostigmine), alors qu'un début de consensus se dégage pour dire que ces produits étaient dangereux. – Alain Richard, ministre de la Défense, Le Figaro, 30 août 2000.

Selon le général Roquejeoffre, le général Bernard Janvier, commandant les 9 000 hommes de la division Daguet, le fer de lance de l'offensive terrestre contre l'Irak, avait ordonné à ses hommes trois jours avant le déclenchement de l'attaque de prendre un médicament préventif contre d'éventuelles armes chimiques. – Dépêche de l'AFP du 31 octobre, suite à l'audition du général Roquejeoffre par la Mission d'information parlementaire sur le Syndrome de la guerre du Golfe.

Dès le 17 janvier et les premiers bombardements sur l'Irak, ordre a été donné aux soldats français, le plus souvent par leur supérieur direct dont ils citent parfois les noms, d'absorber des cachets de bromure de pyridostigmine, censés les protéger contre les effets des gaz de combat. L'enquête menée par l'association Avigolfe portant sur 140 questionnaires, indique que 99 soldats ont absorbé cet « antidote » sur ordre. 25 savaient qu'il s'agissait d'un anti-neurotoxique. Les pilules ont été absorbées de façon variable, le matin, durant la journée ou la nuit, toutes les huit heures pour certains, avant chaque alerte pour d'autres (et les alertes furent nombreuses et longues). Les quantités absorbées varient de une à « environ 50 ». Les cachets étaient distribués de la main à la main toutes les huit heures, pour les uns, d'autres en portaient une boîte sur eux.

Le rapport présidentiel américain reconnaît que « tous les soldats ont reçu des boîtes contenant de la pyridostigmine pendant la guerre du Golfe. Les combattants devaient prendre ces pilules eux-mêmes sur ordre de leur supérieur ». Le ministère américain de la Défense estime que 250 000 personnes en ont consommé. « Cependant, il n'est pas possible d'évaluer avec exactitude la consommation de pyridostigmine compte tenu de l'absence de rapports individuels sur les automédications », dit le rapport.

Chronique d'un mensonge annoncé

Je détenais une boîte de ces fameux cachets sur laquelle on peut lire : « Comprimés de Pyridostigmine à 30 mg – prétraitement contre les intoxications par les neurotoxiques – Pharmacie centrale des armées... » Au cours de mon enquête, j'ai demandé au Bureau de l'information et de la communication du service de santé des armées (BCISSA) si les soldats français avaient reçu des plaquettes de cachets, il m'a été répondu que cela n'avait pas été le cas. Après la publication du premier témoignage de l'ex-caporal Hervé Desplat que j'avais interviewé en mai 2000 pour le magazine *Viva*, article qui « mit le feu aux poudres », le colonel Estripeau, médecin-chef du BCISSA répondait au quotidien *Le Monde* daté du 6 juin : « Quelques soldats ont pu recevoir de la pyridostigmine. » J'ai retrouvé le colonel Estripeau le 7 juin à l'occasion d'un débat télévisé. Je lui ai publiquement posé la question. « Les soldats de l'armée française ont reçu des plaquettes de pyridostigmine, a-t-il répondu, mais ce n'est pas dangereux. Ils ne devaient en prendre que sur ordre et ils n'ont jamais reçu l'ordre d'en prendre. » Il exprimait la position adoptée par les hautes autorités militaires.

En juillet, le ministre de la Défense, Alain Richard, recevant la députée Michèle Rivasi, indiquait que ce produit est prescrit dans le traitement des myasthénies et de l'atonie intestinale et qu'il n'est en rien dangereux. Mais, de façon assez surprenante, le 30 août, il déclarait au journal *Le Figaro* : « Les nôtres n'ont pas reçu d'antidote préventif aux armes chimiques alors qu'un début de consensus se dégage pour dire que ces produits étaient dangereux. »

En réalité, dès mars 1991, en pleine guerre du Golfe, le colonel Rouveure, médecin en chef des armées, interviewé pour le bulletin de l'assurance générale des personnels militaires, avait déjà et très naturellement fait référence à la pyridostigmine : « Contre les risques chimiques, le service de santé a mis au point des comprimés préventifs et une seringue automatique contre les effets des armes chimiques modernes (neurotoxiques). » Pierre Bayle, officier de réserve et journaliste, qui a suivi le 1er régiment de spahis durant l'offensive, écrit au même moment dans un reportage publié par le mensuel d'information et de liaison dirigé par le Sirpa (ancien service d'information des armées)[1] : « 23 février :... 22 heures : l'ordre est transmis de prendre la deuxième pilule anti-chimique, celle qui permet à un tiers des neurones de survivre. (...) Curieusement, l'équipage du véhicule d'avant blindé (VAB-Santé) n'avait pas entendu l'ordre de prendre la première, huit heures plus tôt. Pourvu qu'ils ne tirent pas du chimique ! »

Ces propos ont été confirmés par les généraux Roquejeoffre, Schmitt et Bladé, tous trois généraux de la guerre du Golfe, auditionnés par la Mission parlementaire d'information. À ce sujet, le général Bladé s'est longuement expliqué : « Le 4 août 1990, la pharmacie centrale des armées à Orléans s'est lancée dans la fabrication et le conditionnement des cachets de pyridostigmine. J'ai exclu les contre-indications s'agissant de jeunes en bonne santé. C'est un médicament prescrit depuis 1944. Il est banal et n'est pas dangereux. Il excite la cholinestérase, si on en prend trop, on peut avoir des diarrhées, ce n'est pas important ! Lorsque nos chercheurs trouvent un médicament qui va servir de barrière, c'est génial ! » Les trois généraux affirment que les soldats n'ont eu de pyridostigmine qu'à partir du 23 février et pendant les trois jours de l'offensive terrestre, à raison d'un cachet toutes les huit heures, soit une quantité relativement faible, et, sous-entendu, sans conséquence. En réalité, un grand nombre de soldats en ont absorbé dès le 17 janvier, sur ordre ou en auto-médication, dans des quantités difficilement vérifiables, ce qui change considérablement les données du problème.

Depuis quinze ans, enfin, l'enseignement militaire dispensé aux jeunes médecins appelés comprend des exercices en cas d'intoxication par les gaz de combat. La pyridostigmine doit être injectée dès les premiers signes d'intoxication, mais il n'a

1. Cf. *Terre Magazine*, numéro spécial 22-23, mars 1991, « Golfe : l'Armée de terre en opération ».

jamais été question, jusque-là, d'en administrer à titre préventif sur des sujets non malades.

La pyridostigmine est-elle dangereuse ?

Dans le cadre de la guerre du Golfe, la pyridostigmine a été indiquée à des sujets sains à titre préventif. Aucune autorisation n'avait été donnée pour son utilisation dans ces conditions. Le bromure de pyridostigmine est autorisé en France sous le nom de Mestinon et sous une forme enrobée. Ce produit a été validé en 1954. La première demande de mise sur le marché (AMM) a été attribuée en 1955 et renouvelée en 1989 au bénéfice du laboratoire allemand ICN Pharmaceuticals. Les contre-indications sont nombreuses : antécédent allergique à la pyridostigmine, asthme, maladie de Parkinson, obstruction mécanique des voies digestives et urinaires. Les mises en garde et les précautions disent : « À utiliser avec précaution en cas d'insuffisance cardiaque, de bronchite spasmodique, d'insuffisance rénale. »

Selon le « Vidal », bible des pharmaciens et des médecins, les effets indésirables correspondent aux malaises décrits par de nombreux soldats recensés par l'enquête d'Avigolfe : crampes abdominales, nausées et vomissements, diarrhées, hypersalivation, augmentation des sécrétions bronchiques et lacrymales, myosis, crampes et soubresauts musculaires. Dans les cas les plus sévères, il est possible d'injecter par voie sous-cutanée ou intramusculaire du sulfate d'atropine. Quant au surdosage, il peut provoquer sueurs, nausées, vomissements, hypersalivation, bradycardie, réactions syncopales, myosis, crampes abdominales et soubresauts musculaires, diarrhées. Dans les cas particulièrement sévères, il peut se produire une importante fatigabilité musculaire qui, en touchant les muscles respiratoires, peut déclencher une apnée et entraîner une anoxie cérébrale. Le diagnostic de crise par surdosage nécessite l'arrêt immédiat de tout médicament et l'utilisation de sulfate d'atropine. En cas de doute, le malade doit être transféré en centre spécialisé.

La pyridostigmine contient une enzyme présente dans certains gaz de combat, le soman notamment dont l'armée américaine craignait l'usage par les Irakiens. Absorbée par l'homme, elle est donc censée agir comme un antidote. Une fondation britannique, le Medical Educational Trust, indiquait déjà en novembre 1993 dans un rapport intitulé *Syndrome de Tempête du désert, soldats malades, enfants morts ?* que « les effets secondaires de la pyridostigmine sont les mêmes que ceux de l'empoisonnement par les organophosphates : problèmes visuels, faiblesse musculaire, diarrhées chroniques, dont certains soldats souffrent. La pyridostigmine peut être transportée dans le cerveau par le sang et peut provoquer des problèmes neurologiques ». Le bromure de pyridostigmine est, en effet, considéré comme l'un des facteurs possibles de certaines pathologies du « Syndrome de la guerre du Golfe ».

Que dit le rapport final du « conseil du Président pour les maladies de la guerre du Golfe », qui rappelons-le est aujourd'hui la référence officielle américaine et probablement, jusqu'à présent, sert de modèle aux autorités françaises ? Depuis 1955, la Food and Drug Administration (FDA) reconnaît l'usage de la pyridostigmine pour le traitement des myasthénies graves. Mais ce n'est qu'en mai 1996, soit cinq ans après la guerre du Golfe, que le ministère américain de la Défense a demandé à la FDA une autorisation pour utiliser ce produit comme moyen de prévention contre les gaz de combat. Il précise que « le ministère de la Défense essaie encore (en 1999 !) d'obtenir cet accord de la FDA. Pour appuyer cette demande, le ministère de la Défense a financé différentes recherches depuis 1984 afin de réunir des informations sur les effets des pré-traitements sur des individus sains. »

Certaines recherches, celles de l'équipe du professeur Haley notamment, sont arrivées également à la conclusion que l'association de la pyridostigmine avec d'autres substances chimiques pouvait avoir des conséquences sur le système nerveux central.

Mais le rapport présidentiel balaie en trois paragraphes leurs conclusions : « Trois études mettent en évidence les effets toxiques de l'association de la pyridostigmine, le Deet et la perméthrine. Cependant, les doses utilisées dans les expériences de laboratoires étaient beaucoup plus importantes que celles auxquelles ont été exposés les personnels militaires sur le terrain. (...) Ces études (pratiquées sur des poulets et des rats) ne disent pas quels sont les effets de l'association de ces substances sur les humains et quelles maladies elles peuvent entraîner dans de telles conditions. Elles ne répondent pas non plus à la question de savoir si des effets négatifs ont été détectés sur le terrain dans les conditions d'utilisation par les troupes américaines. (...) Comme nous l'avons déjà dit, le ministère de la Défense a confirmé que le personnel médical sur le terrain n'a pas observé d'effets immédiats et graves (...) et la connaissance scientifique actuelle indique que les effets à long terme sur la santé n'apparaissent pas en absence d'empoisonnement immédiat. » Le rapport note par ailleurs que les registres médicaux étaient très mal tenus et incomplets. « Compte tenu de l'expérience cumulative de l'usage de la pyridostigmine chez les patients malades de myasthénie grave et des données collectées auprès du personnel militaire, le comité présidentiel conclut qu'il est improbable que les effets sur la santé rapportés aujourd'hui par les Vétérans de la guerre du Golfe sont le résultat de l'exposition à la seule pyridostigmine. Des études diligentées par les autorités fédérales pourraient aider la communauté scientifique à tirer des conclusions sur les effets de la pyridostigmine associée à d'autres facteurs. »

Virgyl, contre le sommeil

22 février 1991 : l'infirmier G. montre une boîte de comprimés Virgyl : « C'est pour ne pas s'endormir pendant 48 heures. »

23 février : 16 h 30 : l'infirmier fait le tour de l'escadron pour distribuer les pilules « Virgyl », celles qui permettent de ne pas dormir pendant 48 heures. – Pierre Bayle, *Terre Magazine.*

On nous donnait des trucs pour ne pas dormir, on devait monter des gardes, parfois on ne dormait que trois heures. Je me souviens m'être étonné de ne pas ressentir de fatigue malgré les innombrables alertes chimiques qui nous empêchaient de dormir et malgré l'intense activité qu'occasionnaient des journées de travail très longues. Ce n'est qu'environ six mois plus tard que sans aucune transition, j'ai ressenti cet état de fatigue intense qui ne me quitte plus, avec cette impression d'avoir le cerveau en permanence dans la brume. – Témoignage auprès d'Avigolfe.

Certaines unités françaises, particulièrement les commandos de recherche et d'action en profondeur (Crap), ont absorbé des pilules Virgyl, des pilules anti-sommeil qui permettent à l'organisme d'être en éveil pendant 48 heures sans éprouver de fatigue. La journaliste française, Brigitte Rossigneux, a mené en 1995 une enquête très fouillée sur ce produit, publiée dans le *Canard Enchaîné* du 8 novembre sous le titre « Quand l'armée dopait ses soldats pour gagner la guerre du Golfe ». « Dans le plus grand secret, l'état-major a expérimenté une pilule anti-sommeil alors interdite à la vente. Pareille opération menée sur des cobayes mène tout droit au tribunal. Mais seulement chez les civils... »

Il y a vingt ans, la direction recherches études et techniques de la délégation générale pour l'armement (DGA) a lancé un appel d'offres pour la mise au point d'une molécule anti-sommeil. Les laboratoires Lafon et le professeur Jouvet, spécialiste du sommeil, se lancent dans la recherche. En 1989, un nouveau produit, le Modafinil, est présenté au cours d'un colloque organisé par la DGA. La découverte du professeur Jouvet est saluée comme « une grande découverte française » qui permettra de rester actif pendant vingt heures d'affilées. Cependant, le général Bladé déclare à la Mission parlementaire d'information, le 14 juin 2000 : « C'est un de mes anciens élèves, un certain Lagardes du centre d'études et de recherche de la marine qui l'a trouvé. » De son côté, explique encore

Brigitte Rossigneux, le service de santé des armées – dont la pharmacie a également produit les boîtes de pyridostigmine – teste, dans le cadre de l'« opération Dauphin » en novembre 1990 à l'hôpital militaire Dominique-Larrey, les effets d'une privation de sommeil de soixante-douze heures. À cette période, une partie des soldats français ont déjà pris la route du Golfe, accompagnés dans le plus grand secret de 14 000 boîtes de Modafinil/Virgyl, nom de code CRL 40476, la fameuse molécule anti-sommeil que l'on va pouvoir maintenant tester en situation réelle et à grande échelle. « La pilule est distribuée sous le nom de Virgyl. Avec pour seule explication aux cobayes qui s'ignorent : Vous prenez ça, c'est top secret, mais c'est nécessaire. »

Le nombre des soldats qui ont servi de cobayes est secret. « Malheureusement, écrit Brigitte Rossigneux, du gradé au deuxième classe, "Virgyl" a suscité une grande méfiance. Certains ont refusé d'avaler un truc non identifié, d'autres ont pris seulement quelques comprimés. Difficile dans ces conditions de savoir quels enseignements scientifiques ont bien pu en tirer les autorités. » Révélé dans cet article, un rapport sur les résultats de cette expérience sous forme d'un document de 14 pages de la direction centrale du service de santé des armées consacré au Modafinil, classé « diffusion restreinte », fait le bilan des expériences menées dans le Golfe. On y lit : « Opérations dans le Golfe persique (12) : le Modafinil a été administré sous le nom de Virgyl. Deux études (papier-crayon, en raison des circonstances) ont été conduites. Étude d'Al Salman (Irak) – Le Virgyl était réservé aux personnels pour lesquels la nécessité du maintien d'un éveil prolongé de quatre ou cinq heures était opérationnellement indispensable. L'opération a duré quatre jours : l'utilisation du Virgyl a été très inégale. » Néanmoins, le rapport conclut qu'il « s'est avéré très efficace ». Les annexes du rapport sont classées « confidentiel-défense ». Le rapport intitulé « Gestion de la vigilance au cours des opérations soutenues :

applications au conflit du golfe Persique» est signé par trois médecins militaires.

La «french pill», la pilule française, a donc fait, officiellement, ses preuves. Cependant, une étude américaine, note Brigitte Rossigneux, signale les contre-indications et effets secondaires: principalement les maladies cardio-vasculaires pour les unes et les désordres psychiques pour les autres. Symptômes que l'on retrouve fréquemment chez certains soldats français du Golfe qui font des séjours répétés en hôpital psychiatrique et sont totalement inaptes à une vie normale.

Le Modafinil est utilisé aujourd'hui dans le traitement des «hypersomnies». Il a obtenu son autorisation de mise sur le marché en juin 1992 (après la guerre du Golfe) malgré les réticences du ministère de la Santé inquiet des risques d'utilisation abusive par certaines catégories professionnelles, chauffeurs de taxi ou routiers, travailleurs de nuit ou étudiants en période d'examens par exemple. Pour cette raison, il a ensuite été très rapidement retiré des pharmacies pour n'être utilisé qu'en milieu hospitalier. L'utilisation du Virgyl pendant la guerre du Golfe semble donc illégale et pourrait être considérée comme une violation de la loi française de 1988 sur les essais thérapeutiques qui dit: «Le but de la recherche doit être impérativement d'étendre la connaissance scientifique de l'être humain et les moyens susceptibles d'améliorer sa condition. La recherche doit être soumise à l'avis d'un comité consultatif scientifique. Sous peine de prison, la loi impose que le sujet, qui doit signer un accord, donne son "consentement éclairé", c'est-à-dire qu'il soit préalablement informé de l'objectif de la recherche, des résultats attendus et des risques encourus.» Cela n'a pas été le cas avec les soldats du Golfe.

Que dit encore le général Bladé devant la Mission d'information au sujet du Virgyl? «Le Modafinil est une molécule expérimentale très efficace qui permet d'exclure les amphétamines. Le Modafinil, c'est formidable, certains en ont gardé.

C'est bien pour partir en vacances ! » Interrogée sur le Virgyl par courrier le 10 juillet 1999, l'Agence française de sécurité sanitaire des produits de santé me répondait le 7 novembre : « Concernant le Virgyl, je ne suis pas en mesure de vous renseigner, l'Agence française de sécurité sanitaire des produits de santé ne disposant d'aucune information relative à ce produit. » L'armée française se serait-elle mise hors la loi ?

Les pesticides

L'armée américaine a porté dans ses bagages des tonnes de pesticides. Ils appartiennent à quatre grandes familles : les organophosphorés (OP), les méthyles carbamates, les organochlorés (lindane), les pyréthrinoïdes (principalement la permethrine et le Deet proche du DDT). Les rapports du ministère américain de la Défense sont très précis sur les quantités transportées sur le terrain des opérations. Les pesticides sont un des facteurs associés au « Syndrome de la guerre du Golfe ». Le danger de certains d'entre eux pour la santé de l'homme a conduit un grand nombre de pays à en interdire l'usage et à fixer des doses limites pour ceux qui sont autorisés. Le débat se poursuit aujourd'hui sur les risques de la consommation de produits alimentaires traités avec les pesticides et absorbés au cours d'une longue période, pour les enfants notamment. Plusieurs pesticides sont particulièrement dangereux, comme le DDT massivement utilisé après la Seconde Guerre mondiale et interdit en France, ou le lindane que les chercheurs ont associé à certaines formes de cancer, mais aussi des produits comme les organophosphorés utilisés pour le traitement du bétail et qui provoquent chez l'homme fatigue chronique, migraines, douleurs musculaires, insomnies, problèmes de concentration, changements d'humeur et pensées suicidaires.

Perméthrine et Deet

Plus de deux millions d'atomiseurs de perméthrine (pour

traiter les uniformes) et 2 millions de tubes de Deet à 33 % (pour se protéger des moustiques et des mouches) ont été distribués au personnel sur le terrain. La perméthrine utilisée pour le traitement des pédiculoses et de la gale peut avoir, dans certaines conditions, des effets secondaires comme prurit, érythème, œdème, brûlures cutanées, picotements, et plus rarement éruptions cutanées et paresthésies. La fiche technique officielle de 1997 note qu'il n'existe aucune information sur les effets possibles sur la descendance. Selon le rapport final du comité-conseil présidentiel américain, la perméthrine utilisée pour le traitement des uniformes n'est dangereuse qu'à haute dose. Mais, dit-il, il n'existe pas d'étude sur les effets à long terme d'un empoisonnement chez l'homme. On sait cependant que ce produit peut être absorbée par la peau. « Des essais biologiques d'exposition pendant une longue période sur des souris, dit le rapport, montrent le développement de cancers tels que cancers du foie ou des poumons, mais il n'existe pas de données concernant les effets cancérigènes de cet agent sur l'homme. »

Concernant le Deet, la direction générale de la Santé publique canadienne s'est penchée sur le problème de l'encéphalite dite de « Saint-Louis » transmise par certains moustiques. Dans une de ses publications, on peut lire « les insecticides à base de N-diethylmethyltoluamide (Deet) sont les plus efficaces. La concentration en Deet varie selon le produit, les taux de concentration les plus élevés allant de pair avec la prolongation de la protection. Dans de rares occasions, l'application de Deet en concentration élevée (plus de 35 %) peut provoquer une crise épileptique notamment chez les jeunes enfants. Il importe d'appliquer le Deet de façon parcimonieuse, seulement sur les régions cutanées exposées et de se laver dès que l'on est rentré à l'intérieur ». Deux millions de tubes de Deet à 33 % ont été distribués aux soldats du Golfe sans savoir dans quelles conditions le produit a été utilisé ni en quelle quantité. Le rapport présidentiel américain note qu'appliqué sur la peau, 5 à 9 %

du produit sont absorbés et peuvent provoquer des irritations, des picotements, et occasionnellement des desquamations. Chez les adultes, l'absorption d'énormes quantités de Deet – le rapport ne dit pas à quoi correspondent ces « énormes » quantités – peut entraîner paralysie et coma. En outre, selon certaines études, combiné au bromure de pyridostigmine (PB), la toxicité du Deet, comme celle de la perméthrine, pourrait augmenter.

Perméthrine et Deet peuvent donc raisonnablement être pris en considération dans les recherches sur le Syndrome de la guerre du Golfe. Les symptômes décrits dans les effets secondaires correspondent à ceux qui sont repérés chez de nombreux soldats de la Coalition dont les personnels français. Le colonel Estripeau (BCISSA) a déclaré que les tentes et les uniformes français avaient été traités avec des pesticides. Lesquels ? Les soldats français affirment que des avions américains effectuaient des épandages de pesticides la nuit au-dessus des camps. Quels produits ont été utilisés, on ne le sait pas non plus. « Les autres pesticides, indique le rapport présidentiel américain reprenant les informations imprécises du ministère de la Défense, ont été utilisés par des personnels spécifiquement entraînés ou pour des applications spéciales. » Le rapport n'en dit pas plus et ne fait, par exemple, aucune allusion aux colliers imprégnés de pesticides et d'insecticides expérimentés sur certains soldats américains.

Les organophosphorés

Concernant les organophosphorés, ont été utilisés le chlorpyrifos, le diazinon, le dichlorvos et le malathion. À haute dose, note le rapport final américain, ces pesticides peuvent provoquer des inhibitions irréversibles des fonctions nerveuses et musculaires. Les symptômes immédiats d'un empoisonnement chez l'homme se développent généralement dans les quatre heures qui suivent l'exposition et comprennent un rétrécissement de la pupille, des maux de tête, des nausées, des vertiges, des vomissements, une faiblesse générale, des crampes abdominales, des diarrhées, transpiration, salivation, larmes, écoulement du nez et toux. Selon le ministère américain de la Défense, aucun de ces symptômes n'est apparu chez le personnel militaire pendant la guerre, contrairement à ce qu'affirment de nombreux Vétérans américains et soldats français. Les séquelles chez les personnes gravement intoxiquées prennent la forme de troubles neuropsychiques qui peuvent durer plus d'une année et sont détectables par des tests psychologiques et cognitifs. Les expériences effectuées sur des poules montrent que les sujets exposés à doses suffisamment importantes pour provoquer une mort rapide peuvent être gardés en vie grâce à l'injection de produits comme l'atropine. Ce produit, dont la fonction est multiple, figurait dans la panoplie pharmaceutique de la trousse d'urgence de campagne remise à tous les soldats français.

Le lindane

Le lindane n'est plus utilisé aujourd'hui aux États-Unis dans les pesticides destinés à l'agriculture. On le trouve en faible quantité dans certains shampoings antiparasites. Le lindane est absorbé par la peau, s'accumule dans les tissus graisseux et quitte très lentement le corps. Des études ont montré qu'appliqué en quantité importante sur la peau, le lindane pouvait provoquer des problèmes hématologiques et de préhension. À très haute dose, le lindane peut également être à l'origine de maladies du foie et des reins. Cette substance est considérée comme cancérigène pour l'homme. En outre, traités à la dose maximale officiellement tolérée, des animaux de laboratoires ont produit un nombre de fœtus présentant des malformations monstrueuses supérieures aux statistiques. Or, dit le rapport américain sur la défensive, « le lindane a été utilisé presque exclusivement sur les prisonniers de guerre irakiens pour les épouiller » (!) Quelle quantité de lindane a été appliquée sur ces prisonniers ? Dans quelle mesure l'emploi du lindane ne peut-il être, comme l'uranium appauvri, responsable des malformations congénitales constatées en nombre important chez les enfants des soldats irakiens, américains, britanniques et français ?

Que conclut le rapport présidentiel au sujet des pesticides ? « Selon le ministère de la Défense, aucun rapport médical ne révèle de symptôme chez les soldats américains qui indiqueraient un empoisonnement par pesticide. Les études sur l'empoisonnement par pesticides OP suggèrent que les expositions à faible dose qui ne provoquent pas de signes et de symptômes immédiats et graves n'auront pas à long terme d'effets sur la santé. Le comité conclut donc qu'il est "improbable" que les symptômes et troubles rapportés par les Vétérans de la guerre du Golfe sont le résultat de l'exposition aux pesticides. Le lindane est cancérigène chez l'animal, mais il est trop tôt pour constater un niveau élevé de cancers du foie chez les Vétérans. »

Des soldats malades

Toxicités chimiques, pyridostigmine, Virgyl, pesticides, les soldats français ont pu absorber à des doses diverses l'un ou plusieurs de ces produits toxiques. Il est difficile d'affirmer lesquels et en quelles quantités si des recherches cliniques ne sont pas entreprises. Mais les témoignages des soldats français, une fois de plus, interdisent de prendre les choses à la légère.

> – S. J. avait 21 ans dans le Golfe. Parti le 20 septembre 1990 avec son unité, il s'est trouvé aux côtés d'unités américaines, en zone de combat, a connu des alertes chimiques, n'a eu qu'une tenue de protection NBC durant toute la durée de l'opération, a été vacciné sur le terrain au pistolet à l'épaule droite et à l'épaule gauche, ne connaît pas la nature des vaccins (« On nous a dit antigrippal », dit-il). On lui a remis des pilules de pyridostigmine, mais il ne s'en est pas servi. Sur ordre de

son supérieur, il a absorbé des pilules anti-sommeil Virgyl. Il a également assisté à des épandages de pesticides, dans le camp, une fois tous les 15 jours. Après la guerre, il constate quelques troubles, des vertiges et des étourdissements, des douleurs musculaires et articulaires, des insomnies, des migraines. Du 29 septembre 1993 au 22 mars 1994, il part en Yougoslavie dans le cadre de la force de maintien de la paix des Nations unies, l'UNPROFOR. Mais, depuis son retour, les troubles qu'il avait ressentis depuis le Golfe s'aggravent. En septembre 1999, il consulte le service de neurologie du centre hospitalier de Lens, il ressent un engourdissement du membre inférieur gauche, il a des sensations de vertige, des nausées, des vomissements, des sueurs. Le rapport de scanner dit : « Le bilan morphologique a mis en évidence de curieuses lésions de la substance blanche cérébelleuse bilatérale. Le large bilan paraclinique réalisé en milieu hospitalier n'a pas permis pour l'instant d'identifier de cause précise à l'origine de ce tableau clinique. » Il subit des examens complémentaires le 15 décembre, puis le 27 décembre : « J'ai de nouveau discuté de ce dossier complexe avec nos confrères neurologues et neurochirurgiens lillois », écrit le praticien. Le 11 janvier, le spécialiste de neurologie qui le suit écrit à son confrère de Lille pour lui demander d'effectuer une biopsie cérébelleuse en condition stéréotaxique : « Ce patient sans antécédent notable avait donc consulté début septembre pour une ataxie cérébelleuse hémicorporelle gauche et le bilan morphologique avait mis en évidence de curieuses lésions de la substance blanche cérébelleuse (...) » Le 18 février, S. est hospitalisé dans le service de neurochirurgie de l'hôpital Roger-Salengro de Lille pour effectuer des biopsies. « Au total, il s'agit donc d'une lésion gliale infiltrante intéressant les deux hémisphères cérébelleux.

Compte tenu de la diffusion lésionnelle, nous avons en définitive retenu une indication de radiothérapie. » Le 23 mai, à nouveau, le praticien qui le suit au service de neurologie de l'hôpital de Lens écrit à son confrère de Lille : « ... L'état de M. S. continue de se dégrader... » Il lui demande une prise en charge sur le plan neuro-oncologique. Il subit une nouvelle chimiothérapie. « Pour l'instant, l'efficacité de la chimiothérapie semble donc modérée et l'examen neurologique fait même apparaître une certaine évolutivité de la pathologie tumorale », écrit son praticien le 30 juin suivant. S. est hospitalisé en urgence le 26 juillet « en raison de l'apparition brutale d'une dyspnée et d'une embolie pulmonaire massive ». Le 10 août, il ne peut plus s'alimenter seul, ne peut plus marcher ni parler, ni utiliser ses mains. S. a 31 ans, une femme et quatre enfants. Sa maladie n'est pas reconnue imputable au service dans le Golfe. Pour son entourage qui a assisté, impuissant, à sa dégradation progressive depuis son retour en 1991, il n'y a aucun doute.

– H.S. : en congé longue maladie pour un Syndrome de Gargerot-Sjögren à forme neurologique.

– F.B. – 44 ans pendant la guerre du Golfe : « Devant un état confusionnel important a été pratiqué un scanner sans préparation fait au Val-de-Grâce (hôpital militaire) qui s'est révélé normal pour le Val mais qui pour un neurologue angevin présentait des anomalies. » 22-26 mai, hospitalisation à Angers où ont été effectués des tests neuropsychologiques, une imagerie par résonance magnétique (IRM), une scintigraphie, un électromyogramme, un électroencéphalogramme. Conclusions : dégénérescence cérébrale, sans traitement et à évolution imprévisible. A absorbé de la pyridostigmine et du Virgyl.

– R.T. – 20 ans au moment de la guerre : 18 octobre 1993, rapport d'IRM effectué au CHRU de Reims : « Hémiparésie droite d'apparition brutale chez un patient de 23 ans ; IRM : (...) cette lésion mesure 3 cm de diamètre et ses contours sont relativement réguliers. (...) La première hypothèse, compte tenu de la symptomatologie clinique, est celle d'un lymphome cérébral. On peut éventuellement discuter une sclérose en plaques à expression aiguë, bien que la clinique devrait être plus marquée. D'autre part, les lésions ressemblent peu à des atteintes infectieuses notamment toxoplasmiques. » 14 mai 1994, hôpital d'instruction des armées du Val-de-Grâce : « Ce patient présente une affection organique du système nerveux central évoluant par poussées. » 20 janvier 1994, CHRU de Reims : « Il gardait une impossibilité de courir et une imprécision des gestes manuels. (...) À l'examen, on retrouve bien sûr un franc Syndrome pyramidal bilatéral des membres inférieurs associé à une ataxie. » Maladie déclarée non imputable au service.

– L. P. – 23 ans durant la guerre du Golfe : Compte-rendu d'hospitalisation du 9 août 1991 : « Ce patient sans antécédent particulier a séjourné pendant trois mois en Arabie saoudite pour des raisons professionnelles. Depuis son retour, il se plaignait d'une certaine asthénie sans symptomatologie fonctionnelle particulière. Le 28 mai, il présente des paresthésies et des crampes dans les quatre membres, (...) il n'est pas noté de déficit moteur franc, mais les réflexes ostéo-tendineux sont abolis. L'analyse du liquide céphalo-rachidien met en évidence une dissociation albumino-cytologique. » Certificat médical : « Certifie suivre en soins et consultations L. P. depuis novembre 1988. Son état de santé a toujours été excellent. Fin 1990 et début 1991, L. P. a participé sur le plan professionnel à la “guerre du Golfe”. Depuis son retour d'Arabie saoudite, il a présenté une fatigue importante, un épisode violent de diarrhées et des céphalées. (...) À la fin du mois de mai 1991, apparaissent les premiers signes du Syndrome de Guillain et Barré qui allaient nécessiter une importante réanimation à partir du 31 mai (...), une ventilation mécanique dès le 2 juin. Rapidement les séquelles sont apparues au niveau des membres inférieurs. Actuellement, il reste des séquelles de releveurs du pied. Je pense que l'on ne peut pas exclure l'incidence du séjour de L. P. en Arabie saoudite dans la genèse des symptômes dont il a souffert et des séquelles qu'il supporte aujourd'hui. » Le rapport d'expertise dira, cependant, le 10 mars 1995 : « Début mai 1991, il a ressenti une certaine fatigue avec envie de dormir. Les membres étaient lourds. Cela ne l'a pas empêché de se marier le 11 mai 1991, au cours de sa deuxième permission et de partir en voyage de noces dans les Pyrénées près de Font-Romeu, à une altitude assez élevé (1 600 m). Il y a pris froid et vers le 13 ou le 14 mai, il a développé une rhinite infectieuse assez forte, d'après ce qu'il me dit, le chauffage était tombé en panne. » Conclusion : « (...) l'agent causal a été identifié : il s'agissait d'un virus, le cytomégalovirus. (...) Habituellement on retrouve chez le patient, une à trois semaines avant les premiers symptômes, un antécédent infectieux des voies aériennes supérieures. Cela a bien été le cas pour L. P., lui-même nous a dit qu'il a eu une forte rhinite vers le 13-15 mai 1991 à la suite d'un coup de froid. » « Non imputable au service », décidera la commission de réforme de Besançon.

– J. D. – 40 ans au moment du Golfe : était sur le navire *Jean de Vienne*. Placé en famille d'accueil, ne peut plus s'exprimer, perte d'autonomie.

– P. P. – 19 ans au moment de la guerre du Golfe : « Mon fils n'étant plus apte à répondre... »

– M. A. – « Mes problèmes cutanés ont commencé vers 1993 et ont empiré avec le temps. » « Souffre d'une dermite inflammatoire difficile à étiqueter. Cette dermite est invalidante, elle a obligé M. A. à quitter son travail », peut-on lire sur un certificat médical. En 1996, l'épouse de M.A., enceinte, effectue une échographie à la polyclinique de Saint-Herblain : « Malformation des membres lors d'une première grossesse », dit le rapport.

CHAPITRE 8

Le stress de la guerre ou la réponse à tout

Le 8 août 1988, après huit ans d'une guerre qui fit plus d'un million de morts, l'Irak sortait vainqueur mais exsangue du conflit contre l'Iran. À peine deux ans plus tard, la population irakienne épuisée subissait un nouveau conflit. Puis, en décembre 1998, les forces aériennes américaines et britanniques bombardaient le pays, particulièrement la capitale Bagdad. L'opération « Renard du désert » allait détruire une grande partie de ce qui avait été reconstruit depuis la fin de la guerre du Golfe dans les conditions difficiles imposées par les sanctions internationales. En outre, depuis 1991, jamais Américains et Britanniques n'ont cessé leurs bombardements quasiment quotidiens. Le pays vit un état de guerre permanent dont la conséquence directe n'a été que de renforcer la dictature de Saddam Hussein. Étouffé, traumatisé, le peuple irakien est sans doute la plus grande victime de « névrose traumatique ». L'embargo, qui prive les structures hospitalières spécialisées des moyens de prise en charge des « malades de la guerre », a largement contribué à la dégradation psychologique d'une grande partie de la population, particulièrement les enfants et les jeunes qui n'ont jamais connu la paix.

Guerre et névrose post-traumatique

La « névrose post-traumatique de guerre » liée au service dans le Golfe a été reconnue par les commissions de réforme pour un certain nombre de soldats français. Le décret du 10 janvier 1992, « déterminant les barèmes pour la classification et l'évaluation des troubles psychiques de guerre » qui s'appuie sur un rapport du ministre de la Défense et du secrétariat d'État aux Anciens Combattants, fixe les nouvelles règles d'expertise et d'indemnisation des personnels militaires présentant des troubles psychiques de guerre. Il modifie ceux de 1919 et de 1929 et témoigne de la grande attention que les autorités françaises ont portée à cette question. Il intègre la classification internationale des maladies de l'Organisation mondiale de la Santé à laquelle l'expert psychiatrique doit se conformer dans ses conclusions diagnostiques. Il fixe également des règles très précises et rigoureuses qui redéfinissent les principes généraux de l'expertise psychiatrique (terminologie, classification des infirmités, conditions d'examen du sujet en expertise), les aspects cliniques (névrose traumatique et troubles névrotiques, troubles de la personnalité, états schizophréniques et délires non schizophréniques au long cours, états psychotiques aigus, troubles de l'humeur) et les règles d'indemnisation.

Selon ce décret qui ne semble toutefois pas avoir été respecté si l'on se réfère aux témoignages exprimés dans l'enquête d'Avigolfe, « le mode évolutif de la névrose traumatique principalement de guerre et le rapport très particulier que le malade y entretient avec ses symptômes ont deux conséquences qui méritent d'être soulignées : le point de départ des troubles est rarement mentionné dans les documents médico-administratifs contemporains de l'événement traumatisant ; le moment où il fait l'objet de plaintes de la part du patient peut être très tardif, après des années d'évolution. L'événement traumatisant a, quand il s'est produit, souvent été minimisé par l'intéressé ou est passé inaperçu. (...) Du reste, le délai qui sépare l'événement traumatisant de l'apparition du Syndrome de répétition peut être de plusieurs années : c'est la classique période de latence ».

L'enquête de l'association Avigolfe révèle un grand nombre de personnes souffrant de troubles psychiques ou du comportement. Certains sont régulièrement hospitalisés, traités avec des antidépresseurs, sans suivi psychothérapeutique. D'autres sont pris en charge par leurs familles impuissantes. Un grand nombre d'entre eux étaient très jeunes pendant la guerre. Ils ont eu peur et le disent. Certains sont restés perdus plusieurs jours dans le désert, d'autres racontent comment certains gradés leur répétaient sans cesse que « ces fous d'Irakiens pouvaient venir à tout moment les égorger dans leur tente en pleine nuit », beaucoup n'étaient pas préparés à la guerre, la vraie guerre. Ils s'étaient engagés dans l'armée pour avoir un métier, voyager, partir de chez eux, ils étaient infirmiers, magasiniers ou mécaniciens ou techniciens de transmission dans leur caserne, n'avaient jamais quitté la France et appartenaient à une génération qui n'a pas connu de guerre. Nombreux sont ceux qui n'ont pas renouvelé leur contrat en rentrant du Golfe. Peu d'entre eux ont engagé des recours en commission de réforme et plusieurs années après les faits, sans soins et sans reconnaissance, l'alcoolisme, la violence et l'inaptitude à toute vie sociale ont aggravé leur état.

Curieusement, aussi, certains militaires aguerris qui présentent des troubles graves du comportement alors qu'ils affirment n'avoir en rien été traumatisés par leur service dans le Golfe ont subi une expertise qui a conclu au « Syndrome post-traumatique », un diagnostic qui semble avoir été établi sans recherches plus approfondies. Des études indépendantes, comme celle du professeur Haley, ont montré en effet que certains désordres mentaux peuvent être provoqués par l'action d'agents chimiques sur le cerveau. Ce diagnostic a été largement utilisé aux États-Unis pour qualifier un vaste éventail de pathologies présentées par les Vétérans. C'est la stratégie mise en place par les autorités militaires américaines pour exclure tous les autres facteurs possibles du Syndrome de la guerre du Golfe.

Le comité-conseil présidentiel pour les maladies des Vétérans de la guerre du Golfe, qui se fonde sur des données du ministère américain de la Défense, aborde l'aspect psychologique du problème dans la dernière partie de son rapport final. « Les personnels américains ont rencontré de nombreux facteurs de stress durant la guerre du Golfe, dit-il, dont la rapidité de la mobilisation, l'incertitude quant à la durée du déploiement, l'isolement et la séparation de la famille, un environnement pollué, des conditions de vie difficiles avec peu d'intimité et de relations sociales, des heures de travail prolongées, des revenus bas, l'inquiétude de l'avenir, la peur des missiles Scuds, des attaques chimiques et biologiques, l'anticipation de la mort et de la torture, le déclenchement fréquent des alarmes chimiques qui exigeait une attitude défensive et la présence de blessés et de morts. » Après la guerre, explique encore le rapport, un grand nombre de soldats ont ressenti le stress de la démobilisation avec « les difficultés financières et d'emploi, le problème non résolu des soldes non payées, la révélation de cas de leishmaniose ». Dans les causes de stress, le rapport note également l'interdiction de donner son sang pendant cinq ans (mesure qui semble avoir été indiquée verbalement sans explication à certains soldats français mais avec un délai variant de un à cinq ans), un nombre croissant de maladies rapportées aux services de santé, et les « maladies non diagnostiquées ». La liste des facteurs de stress se termine par une attaque des médias qui « ont exagéré l'"apparente" augmentation, dit le rapport, des malformations congénitales et des cancers ».

Des « maladies mystérieuses »

L'enquête du comité présidentiel fait référence aux recherches effectuées depuis la Seconde Guerre mondiale sur le lien entre le traumatisme de guerre et l'apparition de « maladies mystérieuses», sur les mécanismes qui lient le cerveau et les autres parties du corps humain. «Des expériences récentes sur les animaux, dit-il, ont démontré que le stress peut avoir des effets mesurables sur le cerveau, sur les systèmes immunitaires, cardio-vasculaires et les réponses hormonales diverses. Bien que le corps humain puisse s'adapter à un stress normal, si le stress dure plus longtemps, il peut s'exprimer par une variété de symptômes pathologiques physiques. À partir de ce constat fondé sur des décades d'observations cliniques, les médecins reconnaissent qu'un grand nombre de diagnostics physiques et psychologiques sont la conséquence du stress. Cette connexion n'est pas seulement limitée aux soldats. Des experts savent maintenant que les facteurs de stress habituels, comme les problèmes familiaux, financiers ou d'emploi, la violence familiale et autres peuvent avoir des conséquences significatives et durables sur la santé.» Pour être tout à fait complet, le rapport ajoute que «les médecins et les scientifiques ont également noté que le stress n'a pas les mêmes effets sur tous les individus. Certains développeront de l'hypertension, d'autres, un état anxieux grave, d'autres encore des désordres somatiques, etc.» À partir de ces données, que conclut le rapport final? «Le comité conclut que le stress n'est pas la cause d'une maladie unique ou d'une unique série de symptômes. Le stress peut contribuer à un large éventail de maladies physiologiques et psychologiques. Le stress est donc un facteur important de la grande variété des maladies généralement rapportées par les Vétérans de la guerre du Golfe.»

Dans ses recommandations, le comité présidentiel suggère que «la recherche sur les maladies des Vétérans de la guerre du Golfe soit davantage orientée vers les causes et les méthodes de prévention et de traitement des désordres liés au stress. La stigmatisation des maladies mentales continue d'être un problème pour la société au sens large, il faut donc mettre la priorité sur le développement de programmes d'éducation publique qui insistent sur le lien indissociable entre le corps et l'esprit. Le ministère de la Défense devrait faire un effort particulier dans ce sens au sein de sa communauté ».

Des Français témoignent : si on trouvait la cause...

– J.-J. P. – 21 ans durant la guerre du Golfe : « ...Faute de résultats, les médecins ont conclu à une sclérose en plaques. Ils nous ont dit qu'il fallait attendre et voir l'évolution. Pendant un an, mon mari n'a plus fait d'examens, même si ses problèmes de santé s'accéléraient. Depuis il est retourné consulter car il a des maux de tête importants et fréquents. Le neurologue et l'ophtalmologue n'ont constaté aucune évolution de la maladie diagnostiquée et le neurologue a prescrit des antidépresseurs pensant que mon mari est angoissé. Aujourd'hui, nous ne savons plus à quoi nous en tenir, les médecins n'ont pas de réponse à nos questions et en attendant la maladie évolue. En revanche, notre médecin traitant pense qu'il faut suivre de près le Syndrome de la guerre du Golfe. »

– J.-L. R. – 28 ans durant la guerre du Golfe – est intervenu sur plusieurs accidents d'explosifs, notamment les bombes à fragmentation larguées par l'aviation américaine dont ont été victimes plusieurs soldats français. « Je n'ai bénéficié d'aucun examen psychologique dans le cadre de l'armée. J'ai vu un psychothérapeute de ma propre initiative. À la suite de l'accident du 12 mars, qui m'a valu des cauchemars et des insomnies pendant plusieurs années, la névrose post-traumatique n'a pas été prise en considération à la fois par ignorance de ma part et par manque d'intérêt de la part de ma hiérarchie. Depuis dix ans, je me bats contre mes problèmes de santé, seul, sans jamais avoir fait le lien avec la guerre du Golfe. Aujourd'hui, j'ai un espoir d'être entendu, et surtout de comprendre d'où viennent ces ennuis qui se multiplient et ne semblent pas avoir de cause “connue”. Je suis traité depuis huit ans pour mes maux de tête qui sont incessants avec des antalgiques majeurs et mon organisme est devenu dépendant. Si on trouvait la cause, on pourrait trouver le bon traitement. »

CHAPITRE 9

L'embargo, phase ultime de la guerre

L'embargo total, voté deux jours après l'invasion du Koweït par l'Irak, a été et reste l'arme la plus destructrice de cette « sale guerre propre ». Le Président des États-Unis, George Bush, avait dit avant l'offensive : « Nous ramènerons l'Irak à l'âge de la pierre », dans une certaine mesure c'est chose faite. Le 6 août 1990, deux jours après l'invasion du Koweït par l'Irak, l'Onu décidait d'isoler ce pays de la communauté internationale et son Conseil de sécurité votait la résolution 661, cadre légal des sanctions. Plus dures et plus totales que celles imposées à l'Allemagne après la Seconde Guerre mondiale, destinées à déstabiliser le régime de Saddam Hussein, elles ont en réalité cruellement pénalisé la population irakienne.

Pour faire respecter la résolution 661, immédiatement après le vote, une force aérienne et navale multinationale a organisé le blocus maritime et aérien du pays. Seule la longue route du désert qui relie Bagdad à Amman en Jordanie maintenait encore un lien avec le monde extérieur. Une cinquantaine de navires de guerre ont patrouillé sans relâche sur 700 000 kilomètres carrés de mer, des eaux de la mer Rouge au golfe d'Oman et dans le golfe Persique avec pour mission d'intercepter les bateaux à destination du port de Bassora – tankers, cargos voire paquebots transportant des passagers. Dès les premières semaines, ces navires – américains, britanniques, espagnols, argentins, australiens, belges, canadiens, espagnols, français, néerlandais, danois, norvégiens – ont réalisé 964 inspections, interrogé 7 673 commandants de bord, et arraisonné et capturé onze bateaux. En même temps, les avoirs bancaires de l'Irak dans les banques étrangères étaient bloqués. En mars 1991, après le cessez-le-feu, l'Irak, pays parmi les plus grands producteurs de pétrole, complètement détruit par les bombardements, sous contrôle des agents de l'Onu, entrait dans la phase la plus sombre de son histoire contemporaine.

Le 14 avril 1995, le Conseil de sécurité de l'Onu adoptait une nouvelle résolution, la 986 dite « pétrole contre nourriture ». Supposée atténuer les effets mortels de l'embargo, cette résolution autorisait l'exportation de deux milliards de dollars de pétrole brut tous les six mois. Ce montant a été doublé en 1999. Mais cet allègement des sanctions n'a que peu profité au peuple irakien. En effet, sur ces sommes, sont prélevés, entre autres, le paiement des dommages et de la dette de guerre de l'Irak envers le Koweït et les puissances engagées dans la Coalition et les frais de la mission permanente de l'Onu en Irak, soit plus de la moitié de ces revenus pétroliers. Le reste est consacré à l'importation, sous contrôle de l'Onu, de denrées alimentaires, d'équipements médicaux et de produits pharmaceutiques ainsi que pour le matériel nécessaire à la remise en route d'installations pétrolières. « L'accord pétrole contre nourriture n'est qu'un pansement appliqué à un malade en train de mourir », a déclaré en 1998 Dennis Halliday, responsable du programme de l'Onu qui démissionna de ses fonctions en octobre la même année pour protester contre l'inhumanité et le cynisme des sanctions. « Il règne partout un climat de désespoir, de destruction à la fois physique et mentale. Il est palpable, partout où l'on se rend, même dans les hôpitaux. Là, on est tout de suite frappé par la saleté, les équipements hors d'usage, les lits brinquebalants, l'absence de draps. Bien que les médecins n'aient pas baissé les bras, ils sont soumis à de terribles pressions et doivent prendre des décisions dramatiques : à qui prescrire ce médicament si rare ? À qui administrer ce traitement vital, parmi les dizaines de patients ? Qui doit mourir et qui pourra, peut-être, rester en vie ? La mort que l'on pourrait facilement éviter est devenue une réalité quotidienne. »

Bagdad, mars 1998. Une nuit ordinaire aux urgences pédiatriques

Il est sept heures, la nuit tombe sur la ville. Les muezzins chantent l'appel à la dernière prière. La chaleur est écrasante, il a fait 45 ° à l'ombre dans la journée. L'air est saturé par la pollution des voitures. À l'hôpital pédiatrique, le Saddam Central Hospital of Pediatrics, on aurait pu penser que le calme reviendrait en cette fin de journée. Au contraire. Beaucoup de femmes ont attendu que le père rentre du travail pour conduire leur enfant aux urgences. D'autres viennent de loin, en taxi ou en bus surchauffés. Toutes se bousculent, enveloppées dans leur abaya noir, portant un enfant dans les bras, souvent des nourrissons moribonds, enveloppés dans des chiffons. Les pelouses sont envahies par les familles qui y passeront la nuit, attendant une issue incertaine.

L'équipe du docteur Ali Ismaïl est sur la brèche depuis deux heures de l'après-midi. À ses côtés, six étudiants en spécialité sont de garde jusqu'au matin sans une minute de répit. Dans le hall d'entrée, un premier accueil permet de « trier » les malades. Le docteur Alaa Abdul-Hussein, étudiant en cinquième année, et son confrère examinent rapidement les enfants sur une table vétuste. Dans un verre, une large spatule en métal sert à examiner les minuscules bouches fripées et desséchées. La même pour tous, vaguement désinfectée par une solution antiseptique diluée dans de l'eau par économie. Les médecins griffonnent sur un bout de papier une ordonnance. Les cas les moins graves sont renvoyés chez eux avec les médicaments prescrits donnés par la pharmacie de l'hôpital, quand il y en a. Certains enfants reviendront dans un ou deux jours dans un état plus critique. « Les pathologies sont simples, explique le docteur Ali Ismaïl. Pour l'immense majorité, les enfants présentent des bronchites infectieuses ou des gastro-entérites aiguës. Mais il y a aussi des cas de méningites, de tuberculoses, de typhoïdes, des infections des reins, autant de maladies qui n'existaient pas en Irak avant l'embargo. »

Dans la salle des urgences, les médecins reçoivent les enfants les plus gravement malades. Jusqu'à une heure du matin, la file est ininterrompue. Examinés à nouveau, pesés, mis sous perfusion de glucose, les bébés sont ensuite installés dans la longue salle commune dont les climatiseurs ne fonctionnent plus depuis longtemps faute de pièces détachées. Une trentaine de lits d'adultes en fer sont alignés de chaque côté des murs délabrés. La chaleur est étouffante, l'odeur nauséabonde. Les corps décharnés et épuisés des enfants au regard vide et douloureux sont posés par trois ou quatre sur un même lit à même le matelas en plastique. Le docteur Ali Ismaïl et ses confrères (qui perçoivent un salaire d'environ 15 francs par mois, pas même le prix d'un kilo de viande !) courent d'un lit à l'autre, répondent aux questions des parents, patiemment, sourient, encouragent. Mais la colère est grande : « Voilà ce que fait l'Amérique, regardez bien, dit un père en colère en montrant son enfant, dites-le chez vous ! » L'embargo, l'Amérique, ici ces deux mots reviennent sans cesse. Sept ans de sanctions ont achevé la destruction de l'Irak. « Nous manquons de tout, explique le docteur Ali Ismaïl, d'antibiotiques, de pansements, d'antiseptiques, de produits de contraste pour développer les radios, de stérilisateurs, de tout ! » Sur leur lit ou couchés à même le sol, plusieurs enfants portent de drôles de coques en plâtre sur leur petite tête amaigrie. C'est pour tenir la perfusion faute de bandage. Les médicaments, selon l'Organisation mondiale de la Santé, couvrent à peine un quart des besoins. La gale, les poux, les parasitoses se multiplient faute de produits pour les combattre. L'aide humanitaire met jusqu'à dix mois pour recevoir l'autorisation des agents de l'Onu qui contrôlent tout ce qui arrive dans le pays : une grande partie des médicaments stockés dans des hangars non climatisés est inutilisable quand ils arrivent dans les hôpitaux.

Pays pétrolier et désertique sur la majeure partie de son territoire, l'Irak importait près de 70 % des denrées alimentaires. Aujourd'hui, c'est le rationnement le plus strict. Le « panier » de 9 kg par mois autorisé par l'accord « pétrole contre nourriture » contient de la farine, du riz, du sucre de l'huile et du savon, mais aucune protéine. L'état de malnutrition de la population est particulièrement grave chez les enfants et les femmes enceintes, vulnérables à toutes sortes de maux et d'infections. Depuis trois ans, l'hiver a été catastrophique et a provoqué des vagues de bronchites infectieuses et asthmatiformes chez les enfants. « Il nous fallait plus de cent bouteilles d'oxygène par nuit. Beaucoup d'enfants sont mort », explique le docteur Ali Ismaïl. L'été ne s'annonce pas plus facile. Les canalisations de la ville sont détruites et ne peuvent être remises en état faute de matériel. Le Tigre, fleuve mythique, fierté des Irakiens, reçoit aujourd'hui des égouts de Bagdad 500 000 m^3 d'eau polluée. « Le chlore est interdit parce que, selon l'Onu, il pourrait entrer dans la composition d'armes chimiques, dit le docteur. Il n'y a plus d'eau potable et l'eau minérale est à un prix inaccessible. »

Onze heures. Les lits ne suffisent plus. Des femmes assises par terre tiennent leur enfant sur les genoux, surveillent la perfusion d'un glucose que l'on n'a plus les moyens de préparer correctement. Certains ne le supportent pas. Une petite fille est couchée sur une couverture. Elle a une encéphalite, on ne peut rien pour elle. Son père nous crie, révolté : « Chez vous, est-ce qu'on soigne cette maladie ? » Plus loin, un enfant leucémique, il a sept ans et la peau sur les os. Il n'y a aucun moyen de le traiter. Il passe la nuit ici en observation posant sur nous un regard doux, triste et sans espoir. À ses côtés, un enfant de trois ans qui pèse quatre kilos est assis, les yeux creusés, la peau fripée. Il a faim et tend les mains vers sa mère mais n'a plus la force de manger les miettes de galette qu'elle lui tend. Soudain, un mouvement de panique parcourt la salle. Un mot jaillit de bouche en bouche : oxygène ! Il n'y a plus d'oxygène. Les six grosses bouteilles de fonte auxquelles étaient reliés des masques que les petits malades se partageaient sont vides. Le docteur Ali Ismaïl garde son calme, l'équipe aussi. Il va essayer de téléphoner à la fabrique pour voir si on peut en livrer dans la nuit. À Bagdad, obtenir une communication tient du miracle. Quelques heures plus tard, il nous annonce qu'il a pu en obtenir une quantité suffisante pour la nuit. Les parents se calment, chacun retourne auprès de son enfant. La salle est maintenant bondée. L'odeur et la chaleur sont toujours plus insupportables. Des femmes épuisées se sont glissées sous les lits pour dormir un peu tandis que les autres surveillent les enfants. Ici, la solidarité est grande. On partage une même angoisse, une même douleur. Mais les parents font aussi preuve d'une grande responsabilité. Dans ce pays où le taux d'analphabétisme était quasiment nul, tout le monde sait lire une ordonnance, un dossier médical. Pas de fatalisme, pas de « mektoub », la science guérit et on le sait. Mais ici, elle est impuissante et la colère est grande. « Les enfants n'étaient pas nés pendant la guerre, le peuple n'est pas non plus responsable, mais ce sont les enfants et le peuple qui sont punis par ces sanctions, » dit le docteur Iman Hassan, jeune étudiante en deuxième année de spécialisation.

Minuit. Des cris. Le docteur Ali Ismaïl se précipite. Une petite fille qui a une infection des bronches et des reins est en train de mourir. Elle aurait dû être mise sous dialyse depuis longtemps, mais il n'y a plus que quatorze lits de dialyse en état de fonctionner dans tout Bagdad et ils sont occupés. Les médecins font un massage cardiaque, lui appliquent un masque d'urgence sur le visage. Dans la salle, tout le monde se tait. Des femmes ont entouré le lit. Les médecins font ce qu'ils peuvent mais c'est inutile. Une longue plainte de la mère, l'enfant est mort. Des larmes coulent sur les visages. Le petit corps reste sur le lit le temps d'établir le certificat de décès, puis sa mère l'emmène. Sa place est aussitôt occupée. Une autre petite fille, trois ans, attend elle aussi une dialyse. «Je ne pense pas qu'elle vivra», dit le docteur Ali Ismaïl. Mais au matin, nous partons avec elle en ambulance, un des trois véhicules donnés par les Canadiens, vers un autre hôpital de la ville. Un lit doit se dégager. Peut-être.

Le jour se lève. L'air s'est un peu rafraîchi. La salle est plus calme, des enfants ont survécu, les mères sont rassurées. Mais dehors, une femme est assise, son bébé mort sur les genoux, plus loin, une autre. Elles attendent un véhicule pour repartir chez elles. Dans la nuit, 400 enfants ont été présentés à l'accueil, 120 ont été hospitalisés aux urgences, quatre sont morts. Depuis 1991, l'embargo a tué près de 2 millions de personnes, en majorité des enfants. En d'autres lieux, en d'autres temps, on parlerait de crime contre l'humanité.

Trois agences de l'Onu lancent un appel

Les études et les rapports publiés ces derniers mois par l'Unicef (enfance), l'OMS (santé) et le PAM (Programme alimentaire mondial) ne laissent aucun doute sur les effets de l'embargo. Le 12 août dernier, l'Unicef déclarait : «Les premières études menées depuis 1991 sur les mortalités infantiles et maternelles en Irak révèlent que dans le sud du pays, à forte densité de population, et dans la région du centre, le nombre de décès d'enfants de moins de cinq ans est deux fois plus élevé qu'il y a dix ans. La directrice générale de l'Unicef, Carol Bellamy, déclare qu'il s'agit d'une situation d'urgence humanitaire.» Ces études révèlent en effet que dans le centre et le sud de l'Irak où vit 85 % de la population, la mortalité des enfants de moins de cinq ans a doublé passant de 52 décès pour 1 000 naissances vivantes en 1984-1989 à 131/1 000 en 1994-1999. La mortalité infantile (moins d'un an) est passée de 47/1 000 à 108/1 000 dans la même période. Actuellement, constate l'Unicef, le taux de mortalité des moins de cinq ans dans ces régions est comparable à ceux qui sont constatés en Haïti et au Pakistan. Le taux de mortalité maternelle dans ces régions est de 294/100 000, il était de 160/100 000 en 1989. « ... Le peuple irakien n'aurait pas dû subir tant de privations sans les conséquences de la guerre et sans les mesures prolongées par le Conseil de sécurité, dit Carol Bellamy. Notre inquiétude concerne les sanctions et la façon dont elles ont été imposées. Elles auraient dû être définies et mises en œuvre afin d'éviter un effet négatif sur les enfants. »

Le rapport de l'OMS de mars 2000, une étude épidémiologique très documentée, note dans ses conclusions que « la vaste majorité de la population a eu un régime alimentaire de semi-famine pendant des années. Cette situation tragique a des implications considérables sur l'état sanitaire de la population et sur la qualité de vie, non seulement pour la génération présente mais pour les générations à venir également. La réduction des importations de médicaments due au manque de ressources financières et le manque de structures sanitaires minimum, d'insecticides, de parapharmacie et autres équipements nécessaires ont déstabilisé les services de santé qui dans les années ayant précédé la guerre étaient d'une grande qualité. (...) Des rapports d'évaluation soulignent à juste titre que le niveau des soins en Irak a été, avec la guerre de 1991 et les sanctions imposées sur le pays, ramené à 50 ans en arrière au moins. Des maladies comme la malaria, la typhoïde, le choléra, la poliomyélite qui étaient maîtrisées auparavant ont ressurgi depuis 1991 à des niveaux épidémiques sans que les secteurs de santé puissent y faire face. (...) On peut prévoir que le traumatisme psychologique de la guerre de 1991 et les terribles difficultés endurées avec les sanctions, depuis, laisseront des marques indélébiles sur la santé mentale et les modèles de comportement de ces enfants quand ils seront adultes. (...) La communauté internationale devrait sérieusement considérer les implications d'une génération entière d'enfants qui grandissent avec de tels handicaps mentaux, si, bien sûr, ils y survivent. »

Un rapport conjoint du Programme alimentaire mondial (PAM) et de l'organisation pour l'alimentation et l'agriculture (FAO) rendu public le 13 septembre 2000 alerte la communauté internationale sur les dangers de la malnutrition en Irak particulièrement dans les régions centre et sud du pays. « L'agriculture, dit le rapport, s'est détériorée de façon significative dans les dernières années à cause de la sécheresse qui sévit depuis deux ans et de la pénurie de moyens. La production de céréales est de 64 % inférieure à celle des cinq dernières années qui était elle même largement inférieure à celle des années 1980. La sécheresse a accéléré le manque d'eau fourni par les rivières, les barrages et retenues, les lacs et les canaux. » À cette sécheresse, il faut ajouter les effets de la construction de grands barrages par la Turquie en amont du Tigre et de l'Euphrate, une catastrophe écologique mortelle à terme pour tous les peuples qui vivent en aval de ces deux fleuves. Le rapport note enfin que les projets de l'agence concernant l'amélioration de la santé et de l'alimentation des populations ne sont pas ou peu appliqués et ne trouvent pas de financement à la hauteur des besoins.

Bagdad, 1999

Je quittai la ville au petit matin. Le gros et confortable véhicule General Motors traverse les rues silencieuses avant de s'enfoncer sur la longue route du désert qui mène au monde libre. J'étais venue pour terminer l'enquête que je menais depuis trois ans sur le Syndrome de la guerre du Golfe. En m'éloignant de la ville, j'ai soudain ressenti le sentiment de quitter un enfer.

Un enfer enfoui au milieu du désert, si loin, enveloppé dans les sables jaunes transportés par le vent du sud. Un enfer empli de cris et de souffrances. Un enfer dans lequel tentent de survivre des millions d'hommes, de femmes et d'enfants bannis. Autrefois, on isolait les lépreux sur une île, abandonnés et oubliés de tous. L'île était maudite. Les lépreux étaient maudits. Le peuple irakien ne porte pas la lèpre et nous ne sommes plus au Moyen Âge.

Conclusion

Dix ans après son déclenchement, la guerre du Golfe, première guerre « moderne », continue de tuer. On assiste même à un fait sans précédent : cette guerre aura fait plus de victimes à partir du moment où les combats cessèrent.

Dix ans plus tard, également, états-majors et ministres concernés se taisent ou nient ses effets, laissant sans réponses, sans soins adaptés, sans reconnaissance, des centaines de personnes civiles et militaires. Niant aussi le droit à réparation des populations, des victimes civiles. Le même scénario s'est déroulé, lors de la guerre du Kosovo deuxième « guerre moderne » menée par une coalition, ici l'Otan sous commandement américain.

Un grand nombre de soldats français, selon leurs témoignages, étaient partis dans le Golfe convaincus d'être investis d'une noble mission, la libération du Koweït. Mais, très jeunes et, pour beaucoup, effectuant des tâches civiles (cuisiniers, mécaniciens, infirmiers...), ils n'étaient pas préparés à une « vraie » guerre et n'avaient jamais pensé se retrouver dans un tel contexte. Aujourd'hui, ils se sentent trahis. Ils se posent des questions : pourquoi la France s'est-elle engagée dans le conflit ? Pourquoi avoir abandonné les populations dans un état pitoyable ? Pourquoi ces « opérations » ne sont-elles pas reconnues comme « guerre » ? Pourquoi sont-ils privés de la carte du combattant et de leurs droits légitimes ? Pourquoi ne leur dit-on pas la vérité sur ce qui s'est passé ? Qui sont les responsables ? Un grand nombre, des jeunes particulièrement, ont démissionné de l'armée dès leur retour, d'autres n'ont pas renouvelé leur contrat. Où sont-ils aujourd'hui, combien sont morts depuis, pourquoi ne veut-on pas faire un recensement du personnel du Golfe ? Le deuil de cette guerre que les victimes d'ici et d'ailleurs ne comprennent pas est loin d'être fait. Il ne peut l'être tant que le silence ne sera pas totalement brisé.

ANNEXES

ANNEXE 1

TABLEAU DES FORCES ARMÉES ALLIÉES ENGAGÉES PAR LES COALISÉS DANS LA GUERRE DU GOLFE

Source : *Military Review* de septembre 1991.

État	Terrestres	Navales	Aériennes
Afghanistan	300		
Allemagne			16 (Turquie)
Argentine	450	2 frégates	
Australie		1 frégate - 1 destroyer 1 ravitailleur	
Bahreïn	3 500		
Bangladesh	2 000		
Belgique		2 démineurs	16 (Turquie)
Canada	1 700	2 destroyers	30 (5 cargos)
Danemark			1 corvette
Égypte	40 000 - 400 chars		
États-Unis	697 000 dont 4 900 femmes - 4 000 chars	6 porte-avions	1 700 hélicoptères 1 800 avions
France	20 000 - 350 chars	14 bâtiments dont 1 porte-avion	80
Grande-Bretagne	54 000 dont 1 230 femmes - 440 chars		61 hélicoptères 63 avions
Grèce		1 frégate	
Hongrie	40 (équipe médic.)		
Honduras	150		
Italie		4 bâtiments	24
Koweït	11 500		35
Maroc	2 000		
Niger	480		
Norvège		2 bât. (1support)	
Nlle-Zélande			2 (transport)
Oman	25 000 - 75 chars	12 bâtiments	
Pakistan	10 000		
Pologne	1 équipe médicale	2 bâtiments	
Portugal		1 bât. support	

ANNEXE 2

SIGLES MILITAIRES

CRAP : commando de recherche et d'action en profondeur
RIMA : régiment d'infanterie de marine
REI : régiment étranger d'infanterie (légion étrangère)
R.S. : régiment de soutien
REC : régiment étranger de cavalerie
RAMA : régiment d'artillerie de marine
REG : régiment étranger de génie (légion étrangère)
RG : régiment du génie
RHC : régiment d'hélicoptères de combat (RHC)
RCS : régiment de commandement et de soutien
RHP : régiment de hussards parachutistes
RPIMA : régiment parachutiste d'infanterie de marine
REP : régiment étranger de parachutistes
RPCS : régiment parachutiste de commandement et de soutien
RAP : régiment d'artillerie parachutiste
RICM : régiment d'infanterie de commandos marine
CCS : compagnie de commandement et de soutien
RI : régiment d'infanterie
RA : régiment d'artillerie
RT : régiment de transmission

ANNEXE 3

ENQUÊTE AVIGOLFE

(DÉCEMBRE 2000)

Réalisée par Christine Abdelkrim-Delanne

Résumé

L'enquête Avigolfe, lancée peu après la création de l'association, avait pour but de mettre en évidence la réalité ou l'irréalité des problèmes de santé des personnels civils et militaires présents sur le site de la guerre. Elle ne prend en compte que les 140 premiers questionnaires transmis de juillet à octobre 2000. Multifactoriel et multisystémique, le « Syndrome » recouvre des pathologies ou symptômes mis en évidence chez les Vétérans britanniques et américains. L'enquête montre les mêmes pathologies et symptômes chez les personnels militaires et civils français présents dans le Golfe, particulièrement entre le 17 janvier 1991 (opération Bouclier du Désert, offensive aérienne, bombardements intensifs) et le 28 février fin de l'offensive terrestre Tempête du désert) sachant qu'un certain nombre d'unités sont restées sur le terrain, en Irak, en Arabie saoudite ou au Koweït jusqu'au mois de mai. Elle retient les facteurs toxiques généralement admis comme cause possible des « maladies du Golfe » : uranium appauvri, agents toxiques de combat, toxicité chimique (fumée des puits de pétrole en flammes), pesticides, pyridostigmine et Virgyl. Non exhaustive cette enquête n'a que la prétention d'indiquer quelques pistes de réflexion et de recherches sur la base d'éléments fiables. Elle démontre la nécessité d'un recensement de l'ensemble de la population française civile et militaire présente dans le Golfe.

Le questionnaire porte sur :

- l'état civil et la situation militaire au moment de la guerre du Golfe ;
- les conditions sur le terrain ;
- les aspects médicaux et pharmaceutiques ;
- les pathologies ou troubles constatés valablement ;

– la situation par rapport aux commissions de réforme ;

– témoignages de l'intéressé ou de la famille.

Lorsque cela a été possible des rapports médicaux ont accompagné les réponses. À noter la grande difficulté pour les médecins civils de connaître les dossiers médicaux des personnels suivis à un moment ou un autre par les structures hospitalières militaires.

L'âge moyen de la population retenue est de : 26,5 (de 18,5 à 50 ans) en janvier 1991. Les grades représentés, lorsqu'ils sont indiqués, sont : 1re classe, brigadier-chef, brigadier, caporal, sergent, sergent-chef, premier maître, quartier-maître, quartier-maître-chef, major (armée de l'air), maréchal des logis, médecin-chef.

10 civils.

Toutes les armes sont concernées (armée de terre, forces aériennes, marine).

Lieux de stationnement :

– En Arabie saoudite : Yambu (port d'arrivée), King Khaled Military City ou Cité militaire du Roi Khaled, Rafha (proche de la frontière irakienne), Hafar Al Batin (zones Miramar, Arenas et Olive), base aérienne d'Al Ahsa, Riyad, Djedda, Naja.

– En Irak à partir de l'offensive Tempête du désert : « route Texas », attaque des positions Rochambeau, Chambord, nettoyage d'Al Salman fort et aéroport au préalable détruits par les bombardements américains, route Koweït-Bagdad dite « route de la mort », Wadid Al Batin, Bassora.

– Koweït City après la libération (déminage et autres activités de nettoyage).

– Porte-avions et bâtiments divers.

– Émirats arabes unis.

Durant leur séjour, un certain nombre de militaires ont été détachés auprès de différentes unités. Les unités ne s'étant pas toutes trouvées au même endroit en permanence, nous avons tenu compte de cet élément. Une même personne a pu apppartenir à plusieurs unités :

BOMAP : 1 – CRAP (commandos de reconnaissance et d'action en profondeur) : 2 – Division Daguet : 2e Rima : 9 – 3e Rima : 13 – 21e Rima : 4 – 1er REI : 3 – 2e REI : 9 – 1er RHP : 3 – 1er REC : 3 – 4e régiment de dragons : 7 – 11e Rama : 3 – 6e REG : 10 – 9e RCS : 1 – 1er RHC : 4 – 1er RI : 1 – 3e RHC : 2 – 6e RCS : 7 – 121e RT Montléry : 1 – 1er Spahi : 18 – RICM : 3 – Riyad : 1.

Structures sanitaires mobiles ou fixes (véhicules de l'avant blindés sanitaires, Hopicamp) : 6.

Marine (porte-avions *Clemenceau*, *J. Devienne*, *Loire*, *du Chayla*, *Doudard de Lagree*) : 8.

Base aérienne d'Al Ahsa (Escadron d'hélicoptères, mécaniciens, techniciens) 15.

Section NBC (protection nucléaire, biologique, chimique) : 1.

État-Major-PC Daguet : 1.

Service d'essence des armées : 3.

Nous avons admis dans l'enquête un jeune Casque bleu présent au sud Liban (nombreuses alertes chimiques, Scuds irakiens sur Israël) et une coopérante au Qatar (épaisses fumées noires des puits de pétrole en flammes) (lymphome et tumeurs embryonnaires).

Contrairement aux affirmations des autorités militaires françaises, les personnels français se sont bien trouvés en présence de leurs collègues américains pendant des périodes allant de « quelques fois » ou « quelques jours » à plus de quatre mois.

Sur les 140 réponses, 99 sont positives. 87 disent s'être trouvés en zone de combat. 101 ont connu des alertes chimiques à partir du 17 janvier (bombardements intensifs alliés) jusqu'à la fin de la guerre (28 février).

Fréquence de ces alertes (réponses les plus récurrentes) : plusieurs fois par jour, régulièrement, fréquemment, 2 à 6 fois par jour, quelques fois, vingtaine de fois, 90 à 100 fois, la nuit et le jour, 70 environ, souvent dès les hostilités, plus de trente, souvent.

Au total des réponses exprimées, 56 ont disposé d'une seule tenue de protection pour toute la période de leur séjour dans le Golfe, 30 en ont eu deux, cinq en ont eu trois, deux n'en ont pas eu (reste sans réponse).

Ils les ont utilisées : souvent, régulièrement, fréquemment, à chaque alerte, en permanence, plusieurs fois par jour et nuit, pratiquement tous les jours.

63 personnes ont entendu le déclenchement des appareils de détection chimique (Détalac). Aucun n'est passé en chaîne de décontamination régimentaire. Dans la majorité, les tenues NBC n'ont pas été décontaminées sur le terrain après usage.

AVEZ-VOUS ÉTÉ EN CONTACT AVEC DES MATÉRIELS OU MUNITIONS IRAKIENS DÉTRUITS OU NON ? AVEZ-VOUS REÇU L'ORDRE DE DÉTRUIRE DU MATÉRIEL/MUNITION IRAKIEN OU AUTRE ?

Les témoignages des militaires de la division Daguet qui ont participé à l'offensive terrestre vers le fort d'Al Salman concordent et peuvent se résumer ainsi :

– Nous avons traversé des postes avancés à la frontière qui avaient été détruits par nos soins. Nous avions dans nos casiers deux obus (français) de 155 couleur noir, signe qu'il s'agit d'armes chimiques (!)

– Les positions irakiennes étaient traitées systématiquement avant notre arrivée par les avions américains A10 qui ne tiraient que des obus de 30 mm à l'uranium appauvri – lors de l'attaque le 23.02, les A10 nous appuyaient et nous avons vu plusieurs fois des tirs à 500 m devant nous. (Plusieurs réponses identiques.)

– Passé devant carcasses oui. Vu aucun mort. Vu une explosion à Al Salman distance environ 60 km, dépôt de munitions (lesquelles nous ne le savons pas) avec missile Milan. Un grand nuage s'est dégagé ensuite.

– Quand nous sommes allés à Koweït City, nous sommes passés sur la route de Bassora après l'attaque finale des Américains sur les Irakiens (route de la mort, bombardement par les avions A10 chargés en uranium appauvri.) (Nombreuses réponses identiques.)

– Nous avons vu de nombreux chars et matériels irakiens détruits par les bombardiers de la Coalition. Nous sommes montés dessus et les avons touchés.

– Nous avons détruit du matériel irakien et des munitions sans savoir ce que c'était et sans protection.

– Nous avons détruit des bâtiments et des hangars d'aviation en tirant aux obus de 105 et au canon de 20. Il s'en est suivi une explosion de munitions ennemies non reconnues avec une alerte chimique après l'explosion (1er rég de spahis).

– Destructions de munitions (artillerie et mines) du côté de Jahra (pompier civil Horwell).

– Il y avait beaucoup de feux allumés qui rendaient beaucoup de fumée surtout dans les camps des Américains (palettes, ordures, toiles de tentes, etc.) (6e rég de commandement et de soutien). (Plusieurs réponses identiques.)

– Au fort d'Al Salman, destruction de T54-T55 irakiens par notre unité (4e RD-2e Escadron) – les témoignages de destruction de dépôts de munitions et autres armements irakiens sont très nombreux et précis sur les différents lieux.

– J'ai moi-même en tant que conducteur MPG enseveli le matériel des régiments français qui étaient restés à KKMC (tentes, groupes électrogènes, etc., on creusait un trou et on ensevelissait sur place) (6e REG).

– Oui, le camp où j'ai séjourné en Arabie saoudite avant le conflit. Des tentes modulables neuves ont été brûlées et du petit matériel. Machines à laver, lits picot, groupes électrogènes, etc., enterrés par le génie (4e rég. des dragons) – nombreuses réponses identiques avec précisions.

– Ensevelissement d'un camp irakien, tentes, matériel, vêtements, engins poussés dans des tranchées et ensevelis par des engins Carterpillar et bulldozer du génie militaire.

– On avait ordre de rentrer dans les maisons civiles et de casser sans répit à Al Salman.

– Explosion d'un site chimique avec dégagement d'un nuage rose dans le ciel et une heure après on nous a dit de mettre l'ANP (appareil normal de protection) (3e Rima) – témoignage avec nuage vert également.

– Je suis souvent passé à côté de chars, de camions-citernes, de trous qui étaient en flammes et dégageaient d'épaisses fumées noires que l'on respirait. Il y eut aussi des destructions d'armes par l'armée française, grosses explosions avec fumée (35e RAP détaché avec le 3e Rima).

PESTICIDES : certains témoignages font état d'épandage de pesticides par des avions américains la nuit. Il semble qu'il y en ait eu davantage à la base aérienne d'Al Ahsa.

AVEZ-VOUS MANIPULÉ OU UTILISÉ DES MUNITIONS INHABITUELLES PAR RAPPORT À CELLES UTILISÉES EN MANŒUVRE ?

– Je me souviens avoir manipulé un produit violet avec des gants à Al Salman, produit servant à décontaminer les véhicules (gants et tenue ANP pour manipuler ce produit).

– Des munitions étaient répandues partout (pompier Horwell).

– J'ai manipulé des obus-flèches (4e RD-2e escadron).

– Oui (groupement de soutien et logistique avant) – oui (4e rég. des dragons) – oui (6e REG) – oui, beaucoup (6e REG) – oui (RCS) – oui (6e REG).

– J'en ai transporté (cellule manutention groupement de soutien logistique).

– Grenades inhabituelles 1er spahi – grenades quadrillées (interdites par la convention de Genève).

– J'ai remarqué que les obus-flèches français utilisés par la cavalerie ressemblent énormément aux obus à l'uranium appauvri utilisés dans les chars américains M1 Abrams.

VACCINS

Nous ne disposons pas de suffisamment d'éléments de réponse vérifiables pour traiter la question des vaccins. Nous n'avons pas reçu les copies de tous les carnets de vaccination et ceux qui sont en notre possession n'indiquent que les vaccins effectués avant le départ. Pour ce qui concerne la période après le départ, on note souvent la mention « prophylaxie », sans plus de précision. 27 personnes déclarent avoir été vaccinées sur le terrain sans connaître la nature des injections. Il semble que celles stationnées avant l'offensive terrestre à proximité des unités américaines ont également pu être vaccinées par les médecins américains ; les civils détachés auprès de l'armée saoudienne pour la maintenance des systèmes français Shahine ou autres ont également été vaccinés par les médecins militaires saoudiens, sans savoir contre quoi.

Méthodes d'administration :

– passage sous un portique ;

– sous tente sanitaire ;

– sur le *Clemenceau* et autres navires ;

– à la chaîne, en colonne, au pistolet petit flacon en verre ;

– (sur le bateau) par service, le médecin se renseignait avant au sujet des différentes allergies ou autres. Il effectuait plusieurs vaccins en même temps à différents endroits du corps ;

– à l'infirmerie d'Al Ahsa, pour faire diffuser le vaccin dans le corps le médecin m'a préconisé de faire des sacs de sable pour la protection du camp ;

– nous étions en colonne et on a été vacciné avec un petit pistolet dans l'épaule (ne sait pas de quoi).

Nature des vaccins selon les soldats ou les carnets (réponses les plus récurrentes)

– Gammaglobulines (souvent plusieurs injections avant et après le départ) ;

– Méningite ;

– Méningite A + C ;

– Prophylaxie ;

– « On a parlé de fièvre jaune » ;

– TABDT ;

– Hépatite B ;

– « Après vaccin au pistolet ils ont fait un vaccin anti-grippe » ;

– Vaccins classiques pour départ « opération à l'extérieur » ;

– Fièvre jaune et autres ;

– Anti-grippe ;

– « Peste ».

Que vous a-t-on dit à propos des vaccins administrés après le départ :

– que c'était pour la grippe ;

– on a parlé de fièvre jaune ;

– pas grand-chose... ;
– contre les maladies contractées dans le désert ;
– vaccination normale pour un départ en outre-mer.
Partie du corps :
– épaules, fesse, bras droit, dos.

PYRIDOSTIGMINE

Nous avons pris soin de vérifier qu'il ne s'agissait pas de tablettes de sel ni de nivaquine et avons exclu en ce sens plusieurs réponses imprécises.

99 personnes (tous sites sur terre confondus) disent avoir absorbé des pilules de pyridostigmine. 25 disent avoir été informées qu'il s'agissait d'un antidote aux gaz neurotoxiques. La plupart en ont eu dès le 17 janvier. Les réponses les plus récurrentes quant à la quantité absorbée sont :

– tous les jours/3 par jour ;
– avant les alertes chimiques ;
– pendant l'offensive ;
– lors de mon arrivée en Arabie saoudite en stationnant dans notre camp dans le désert ;
– sur le site ;
– dès les premières heures du conflit le 17-01-91, toutes les huit heures pendant quatre jours au moins ;
– le 16-01-90 (veille de l'offensive aérienne) ;
– pendant les 100 jours de l'offensive ;
– pendant les trois jours de la guerre en Irak ;
– quelques jours après mon arrivée pendant 15 à 20 jours (détaché Al Ahsa) ;
– dès la 10e alerte aérienne chimique ;
– au début du conflit dès la première alerte missile ;
– sur le bateau avant d'arriver ;
– dès le déclenchement des hostilités ;
– zone de passage en Irak ;
– pendant les alertes Scuds et l'offensive terrestre ;
– durant le conflit ;
– avant, pendant l'offensive et pendant trois jours à notre retour en France ;
– on a pris des pilules mais rien n'était inscrit sur les tubes, c'était sur ordre du capitaine.

Combien ? (réponses récurrentes)

– 1 certainement, après je ne me souviens plus ;

– toutes les six heures jusqu'au 28 février 1991 ;
– 3 par jour ;
– toutes les huit heures sur ordre ;
– une toutes les six heures ;
– 2 médicaments tous les deux jours ;
– 1 le matin ;
– tous les jours une fois par jour ;
– 3 × 24 heures durant trois jours ;
– pendant toute la période ;
– trois fois trois pilules ;
– 2 chaque heure ;
– 1 ou 2 par jour ;
– 1 cachet toutes les huit heures ;
– pendant un mois trois par jour ;
– environ pendant une semaine toutes les huit heures ;
– 1 toutes les huit heures pendant 100 heures ;
– moins de 10 ;
– 6 par jour ;
– à peu près 50 ;
– on pouvait en avoir tant qu'on voulait, c'était pas difficile.

Qui vous a donné l'ordre ? (plusieurs indiquent le nom de leur supérieur que nous ne rendrons pas public pour l'instant)
– mon chef de groupe (11e Rama) ;
– le capitaine commandant la zone ravitaillement (6e régiment soutien) ;
– un sous-officier nous les a données (6e REG) ;
– un lieutenant (groupement de soutien) ;
– le commandement (4e régiment de dragons) ;
– le capitaine (3e Rima, 2e REI, 2e Rima) ;
– colonel (chef du BOI, 6e REG) ;
– le chef de section (4e dragons et 2e REI) ;
– l'autorité ;
– les supérieurs ;
– mon chef d'unité ;
– le commandement du site (armée de l'air Al Ahsa) ;
– annoncé par le message sonore ;
– mon chef (aviation) ;
– capitaine (1er RHP) ;
– les gradés ;
– le chef de peloton (1er spahi) ;

– adjudant d'unité (1er spahi) ;
– le chef de service qui lui-même avait reçu la consigne de ses supérieurs (Al Ahsa) ;
– commandement du site d'Al Ahsa ;
– les dirigeants ;
– sonorisation commandement (Al Ahsa) ;
– le capitaine commandant de l'escadron ;
– les supérieurs ;
– chef de corps ;
– le chef de section, mes supérieurs ;
– mon supérieur (44e section NBC 17e RCS) ;
– le commandement (détaché au 5e puis 3e RHC 45) ;
– je ne sais plus, mais on nous l'avait donné ;
– le commandement (9e RCS 47) ;
– chef de section et chef de groupe consigne reçue en même temps que perception masque à gaz plus tenue NBC à l'arrivée sur le site d'Al Ahsa.

40 disent n'avoir pas reçu l'ordre de les rendre à la fin des opérations.

VIRGYL, ORDINATOR ET AUTRES AMPHÉTAMINES

– Virgyl : 20 réponses positives. Principalement dans les unités : Crap, 6e REG, 1er RPI, 4e régiment de dragons, 6e REG, RCS, 1er spahi, un appelé de la marine nationale, un chef d'équipe infanterie de marine.

– Autres réponses : notre chef de section a refusé de nous les faire prendre – oui mais jamais utilisé.

– Prise d'Ordinator et autres Amphétamines : 10.

TROUBLES ET PATHOLOGIES

– problèmes de mémoire : 53 ;
– distraction (suffisamment pour s'en inquiéter) : 27 ;
– confusion mentale : 22 ;
– troubles de l'équilibre : 41 ;
– étourdissement, malaise : 42 ;
– tétanie/épilepsie : 20 (dont des hospitalisation en urgence) ;
– agressivité inhabituelle sans raison : 69 ;
– dépression grave : 47 ;
– diarrhée chronique (pendant plusieurs semaines ou mois) : 39 ;
– grande fatigue permanente : 76 ;
– douleurs musculaires et articulaires : 78 ;
– fatigue musculaire : 49 ;
– perte de tonus musculaire : 52 ;

– picotement ou perte de sensation dans les mains et les pieds : 40 ;
– insomnies : 65 ;
– sommeil agité : 70 (y compris avec crise de violence) ;
– tremblements des membres : 20 ;
– impuissance sexuelle ou perte libido : 12 ;
– sperme brûlant la partenaire : 21 ;
– migraines : 61 dont plusieurs ont un traitement depuis leur retour ;
– perte massive de dents : 22 ;
– perte ou prise rapide de poids : 23 (peut aller jusqu'à 20 kg) ;
– problèmes cutanés : 49 (dont plusieurs cas sont inexpliqués par les médecins) ;

– problèmes ou maladies respiratoires graves : 21 dont des taches sur le poumon, des étouffements, des « tuberculoses » dès le retour (dont un a été opéré dès juin 1991), toux sèche chronique, embolie pulmonaire ;

– anomalies sanguines : 10 (la grande majorité n'a jamais fait de bilan sanguin ou analyse précise) ;

– problèmes de thyroïde : 6 (avec intervention chirurgicale) ;

– problèmes cérébraux : 12 (œdèmes, lésions, dégénérescence cellulaires, etc.) (nous avons connaissance par ailleurs de cas de comas sur le terrain suivis de décès ou de paralysie totale) ;

– malformation congénitale : 6 enfants nés après la guerre du Golfe (dont un cas nécessitant une IVG, une maladie cutanée dès la naissance non expliquée, une amyotrophie spinale – spina bifida – malformation cardiaque) ;

– fausses couches après le Golfe : 4 dont un cas enregistre 15 fausses couches ;

– cancer – tumeur : 11 (2 adhérents sont décédés, trois sont hospitalisés dans un état grave) dont Syndrome de Hodgkin, ganglions, lymphomes, cancer des testicules, craniopharyngiome, corticosurrénalome, cancer de la thyroïde ;

Autres troubles ou problèmes cités : calcification osseuse nécessitant des interventions chirurgicales – problèmes gastriques, bouffées de chaleurs – sueurs froides – perte visuelle quasi totale peu après le retour – vomissements, tremblements (allant jusqu'à ne pas pouvoir travailler), problèmes d'élocution, d'ouïe, d'odorat.

*TB 9-1300-278

DEPARTMENT OF THE ARMY TECHNICAL BULLETIN

GUIDELINES FOR SAFE RESPONSE TO HANDLING, STORAGE, AND TRANSPORTATION ACCIDENTS INVOLVING ARMY TANK MUNITIONS OR ARMOR WHICH CONTAIN DEPLETED URANIUM

Approved for public release; distribution is unlimited.

Headquarters, Department of the Army, Washington, DC
28 September 1990

REPORTING OF ERRORS

You can help improve this bulletin. If you find any mistakes or know of a way to improve the procedures, please let us know.

03/01/91 13:59 00

Los Alamos

Los Alamos National Laboratory
Los Alamos, New Mexico 87545

memorandum

TO: Studies & Analysis Branch(WF 13)
Attn: Maj Larson

DATE: 1 Mar 1991

FROM: LtCol M.V. Ziehmn

MAIL STOP/TELEPHONE: F668/(505)665-191

SYMBOL: MCLnO

SUBJECT: THE EFFECTIVENESS OF DEPLETED URANIUM PENETRATORS

There is a relatively small amount of lethality data for uranium penetrators, either the tank fired long version or the GAU-8 round fired from the A-10 close air support aircraft. The recent war has likely multiplied the number of dU rounds fired at targets by orders of magnitude. It is believed that dU penetrators were very effective against Iraqi armor; however, assessments of such will have to be made.

There has been and continues to be a concern regarding the impact of dU on the environment. Therefore, if no one makes a case for the effectiveness of dU on the battlefield, dU rounds may become politically unacceptable and thus, be deleted from the arsenal.

If dU penetrators proved their worth during our recent combat activities, then we should assure their future existence (until something better is developed) through Service/DoD proponency. If proponency is not garnered, it is possible that we stand to lose a valuable combat capability.

I believe we should keep this sensitive issue at mind when after action reports are written.

Respectfully,

LtCol Z

Traduction du paragraphe 2 : Il y a eu et il continue d'y avoir une inquiétude quant à l'impact de l'uranium appauvri sur l'environnement. Si personne ne doute de l'efficacité de l'UA sur le champ de bataille, ces munitions peuvent devenir politiquement inacceptables et susceptibles d'être, en conséquence, retirées de l'arsenal.

ANNEXE 6

INISTÈRE DE LA DÉFENSE

RÉPUBLIQUE FRANÇAISE

SERVICE DE SANTÉ DES ARMÉES

DIRECTION CENTRALE

IUREAU DE LA COMMUNICATION ET DE L'INFORMATION J SERVICE DE SANTE DES ARMEES

A Paris, le 12 avril 2000
N° 386 /DEF/DCSSA/BCI

Le médecin en chef Christian ESTRIPEAU
Chef du BCISSA

à

Mme Christine ABDELKRIM-DELANNE
Magazine Viva
Agence Sud-ouest
Résidence Georges V
44 50 Bd Georges V
33077 Bordeaux Cedex

Objet : Syndrome de la guerre du Golfe – Uranium appauvri.
Réf : Votre demande de documentation.

Votre courrier du 15 décembre1999 sur le syndrome de la guerre du Golfe et sur l'uranium appauvri amène de la part du Service de santé des armées les réponses suivantes:

1) Sur le suivi et le bilan statistique de l'état de santé des troupes françaises engagées dans la guerre du Golfe au cours de l'opération Daguet.

Avant le départ : les militaires engagés dans l'opération Daguet ont bénéficié d'une visite médicale d'aptitude selon la procédure appliquée pour toutes les missions extérieures. Au cours de cette visite les vaccinations antitétanique, antipoliomyélitique, antidiphtérique et antityphoïdique ont été vérifiées et mises à jour si nécessaire, ainsi que les vaccinations antiméningitidique et antigrippale. Tous les personnels ont été protégés contre l'hépatite A par injection d'immunoglobuline "antihépatite A". Tous les vaccins et immunoglobulines utilisés ont l'autorisation de mise sur le marché en France (AMM). Aucune autre vaccination n'a été pratiquée.

Au cours du séjour : la surveillance médicale des militaires en opération répond au concept de médicalisation et de chirurgicalisation de l'avant. Ce soutien est composé d'un poste de secours avec un médecin, 2 infirmiers, cinq brancardiers secouristes, placé auprès de chaque unité élémentaire (une unité élémentaire type compagnie ou escadron est composée d'environ 120 militaires). Les unités sont abonnées à des formations médico-chirurgicales dont le nombre et la composition par spécialité dépendent du risque encouru et du volume des forces engagées. Au cours de la guerre du Golfe des spécialistes en psychiatrie ont été placés auprès de ces formations pour assurer un soutien psychologique et un suivi d'éventuelles pathologies psychiatriques.

Au retour : chaque grande unité (régiment, base aérienne, bâtiment, organisme) dispose d'un registre des constatations sur lequel sont inscrites les affections et accidents survenant au cours du service. Ce registre, le plus souvent tenu par le médecin du régiment est sous la responsabilité du commandement.
Par ailleurs annuellement tous les militaires de l'armée française bénéficient d'une visite médicale d'aptitude au cours du mois de leur anniversaire de naissance. Cette visite obligatoire comprend une anamnèse, un examen clinique, des examens complémentaires et des conclusions médico-administratives. L'ensemble de l'examen est inscrit dans le dossier médical qui suit le militaire tout au long de sa carrière. Seuls les éléments du profil médical pour la détermination de l'aptitude à servir sont communiqués au commandement.

3) Sur le syndrome de la guerre du golfe

Le service de santé des armées n'a à ce jour enregistré aucune plainte relative à d'éventuels syndromes de la guerre du golfe.

Une collaboration avec les Américains se fait en interallié dans le cadre des travaux des groupes de travail de l'OTAN ou dans le cadre de relations bilatérales sur le thème des études biomédicales de Défense.

4) Sur l'uranium appauvri.

Le Service de santé des armées ne dispose pas des éléments pour répondre à votre demande sur l'existence de textes réglementaires, sur l'utilisation d'uranium appauvri et sur un éventuel spécialiste en la matière. Pour tout renseignement complémentaire vous pouvez adresser votre demande à Monsieur le Délégué à l'information et à la communication de la Défense (DICOD, Ecole militaire, 1 place Joffre 75007 Paris).

Copies à :
DICOD
DCSSA/CAB
DCSSA/AST

US CASUALTIES FROM DEPLETED URANIUM WEAPONS IN THE GULF WAR

On 26 July 1993, *Army Times*, the official newspaper of the US Army, reported 615 casualties including 148 fatalities as having occurred during the Gulf War. Based on *Who Goes There, Friend or Foe?*, a study by Congress's Office of Technology Assessment, 34 of the fatalities are attributable to friendly fire among US troops. Fifteen of the fatalities and 60 overall casualties, as indicated here by added emphasis, are attributable to friendly fire inflicted by DU weapons. No indication is made of the possible deaths that may have occurred later among wounded troops carrying DU shrapnel in their bodies.

- **Ground-to-ground**

Jan 29: Four Marines killed when their Light Armored Vehicle is struck by a TOW missile fired from another LAV west of Kafji, Saudi Arabia.

Feb. 14: Three soldiers wounded in a small-arms exchange during urban clearing operations in the town of Arky Amah Al Jadid, Saudi Arabia.

Feb 24: One Marine killed when his convoy is fired upon by a tank.

Feb 26: Three soldiers killed, three wounded when their armored personnel carrier is hit by machine gun fire from a tank.

Feb 26: Five soldiers wounded when their Bradley fighting vehicle is incorrectly identified and hit by a TOW missile.

Feb. 26: Two M1A1 Abrams tanks hit by fire from another M1A1 tank. No casualties.

Feb 26: Two soldiers killed, six wounded when their Bradley, operating in reduced visibility, is fired upon by an M1A1 Abrams tank.

Feb 26: Two Bradleys, operating at night in reduced visibility, are fired upon by an M1A1 tank. No casualties.

Feb 27: Six soldiers killed, 25 wounded when five M1A1 tanks and five Bradleys are fired upon by an M1A1 tank because of incorrect identification.

Feb 27: Two soldiers killed, nine wounded when three Bradleys were fired upon by an M1A1 tank because of incorrect identification.

Feb 27: One soldier killed, one wounded when two Bradleys are identified incorrectly at night in the rain and fired upon by an M1A1 tank.

Feb 27: One soldier killed, two wounded when two Bradleys are hit by fire from an M1A1 tank while operating in rain and smoke at night during an attack on a bunker complex.

Feb 27: Two soldiers killed, two wounded when their Bradley is fired upon by a M1A1 tank while operating at night.

Feb 27: One soldier killed, one wounded by machine-gun fire when they are identified incorrectly as Iraqi troops.

- **Air-to-ground**

Jan 23: An Air Force A-10 Thunderbolt fires on a Marine observation post. No casualties.

Jan 24: One Marine, one sailor wounded when an Air Force A-10 strafes a Marine Corps Humvee and five-ton truck about 60 miles west of Kafji.

Jan 29: Seven Marines killed, two wounded when an Air Force A-10 fires a Maverick missile, which malfunctions in flight and hits a LAV.

Feb 2: One Marine killed, two wounded during an attack by a Marine Corps A-6E using 500-pound bombs after their vehicles are identified incorrectly as Iraqi.

Feb 2: Two soldiers wounded when a HARM missile fired by an Air Force F-4G Wild Weasel does not properly acquire its indended target and locks on the soldiers' radar.

Feb 4: A HARM missile is suspected to have landed close to guided missile frigate Nicholas (FFG-47). No casualties; superficial damage to the ship.

Feb 17: Two soldiers killed when a Bradley is struck by a Hellfire missile from an AH-64 Apache helicopter. Six soldiers wounded.

Feb 23: One Marine killed, one wounded when a HARM missile from an undetermined source strikes a radar unit.

Feb 24: A HARM missile is suspected to have landed close to guided missile frigate Jarrett (FFG-33). No casualties or damage.

- **Ship-to-ship**

Feb 25: Guided missile frigate Jarrett (FFG-33) fires at a chaff rocket launched by battleship Missouri (BB-63). No casualties; superficial damage to Missouri.

Mar 27: Mine countermeasures ship Avenger (MCM-1) receives small-arms fire near Kuwait. No casualties.

- **Ground-to-air**

Feb 15: A Navy A-6E pilot reports he is fired upon by a surface-to-air missile. No casualties.

Victimes américaines d'armes à l'uranium appauvri dans la guerre du Golfe : « tirs amis ».

AC No: 20-123

AVOIDING OR MINIMIZING ENCOUNTERS WITH AIRCRAFT EQUIPPED WITH DEPLETED URANIUM BALANCE WEIGHTS DURING ACCIDENT INVESTIGATIONS

Initiated by AWS-330 Date 12/20/84

1 PURPOSE. This advisory circular provides information and guidance to individuals who come in contact with depleted uranium contained in aircraft control surfaces during accident investigations.

2. RELATED READING MATERIAL. Additional information on depleted uranium may be found in the maintenance manual of each affected aircraft and also in service information provided by the aircraft manufacturer.

3 DISCUSSION. For many years, aircraft manufacturers have used "depleted" uranium to balance ailerons, rudders, and elevators on certain jet aircraft and rotor blades on certain helicopters. Uranium is 1 1/2 times as dense as lead and is the heaviest naturally occurring metal. According to a 1983 McDonnell Douglas Customer Service First Quarter publication, only "depleted" uranium is used, which means it has been processed to remove most of its uranium 235, the most highly radioactive form used in nuclear powerplants. The remaining uranium 238 emits only low-level alpha radiation. While the depleted uranium normally poses no danger, it is to be handled with caution. The main hazard associated with depleted uranium is the harmful effect the material could have if it enters the body. If particles are inhaled or digested, they can be chemically toxic and cause a significant and long-lasting irradiation of internal tissue. Depleted uranium is slightly radioactive. To minimize radiation hazards, depleted uranium balance weights are 100 percent cadmium plated during the manufacturing process. If the cadmium plating is intact, normal handling of the parts is considered to be non-hazardous and no special precautions are recommended. The use of radioactive materials in many every day applications is not at all unusual. For example, tritium, a radioactive form of hydrogen, is used in self-luminous signs, such as exit signs, and watches. Thorium, which has a radiation activity level comparable to depleted uranium, is used in making gas mantels for lanterns, electronic equipment, and high-quality optical lenses for cameras and overhead projectors. Also, smoke detectors contain americium 241, a radioactive material.

Consignes en cas d'accident d'avion comportant des contrepoids en uranium appauvri.

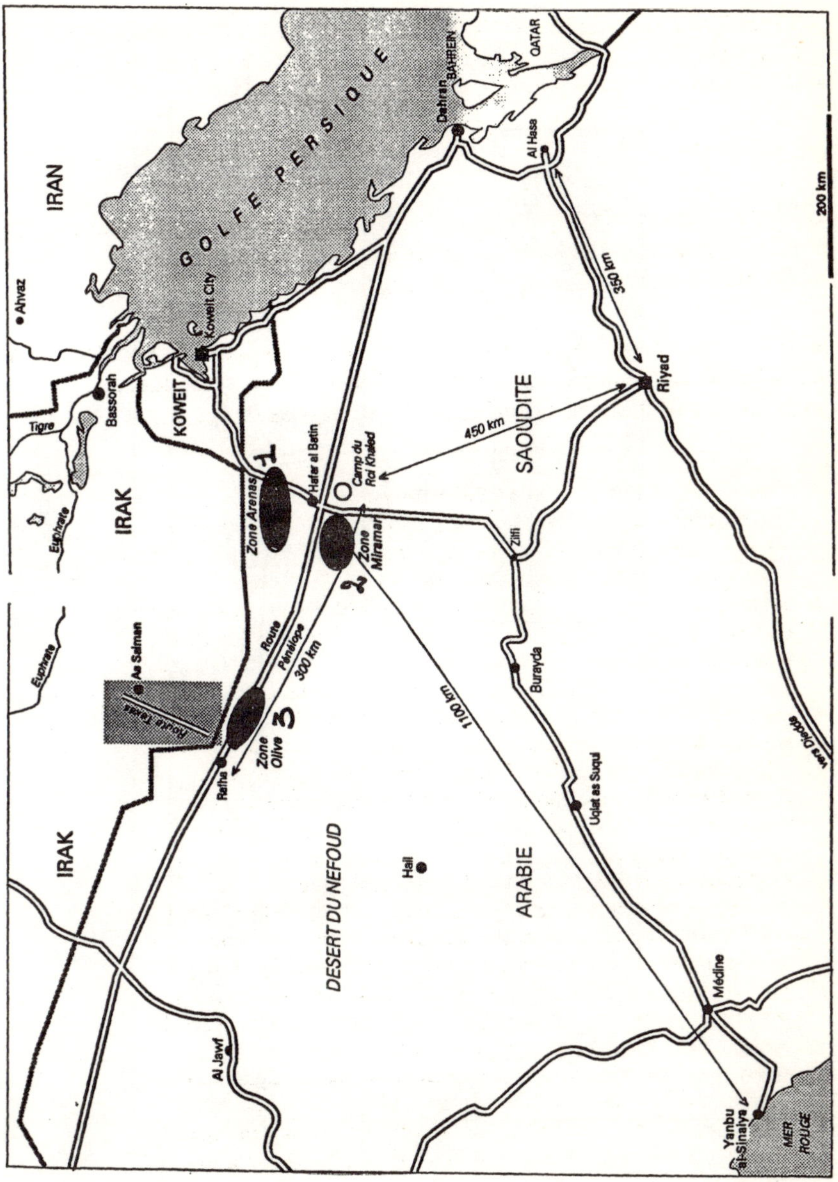

Carte des mouvements de l’armée française division Daguet.

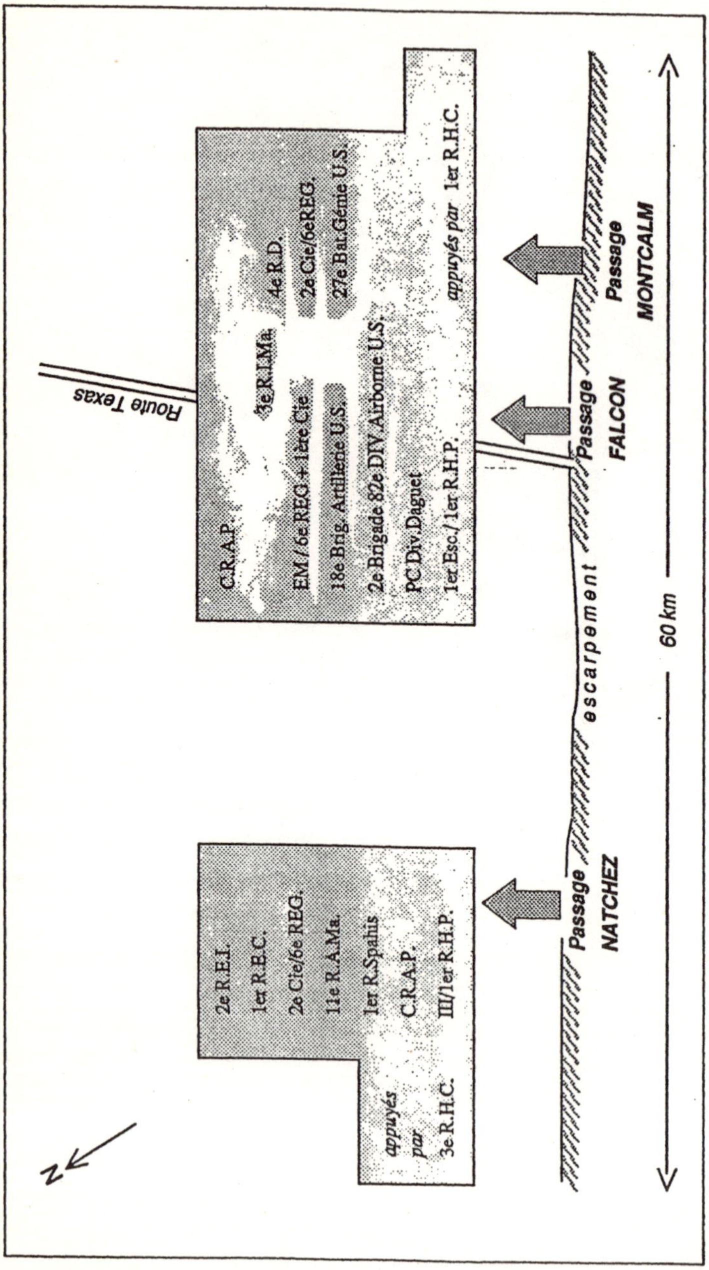

Jour J : le 24-02-1991

Constitution des groupements sur la base de départ

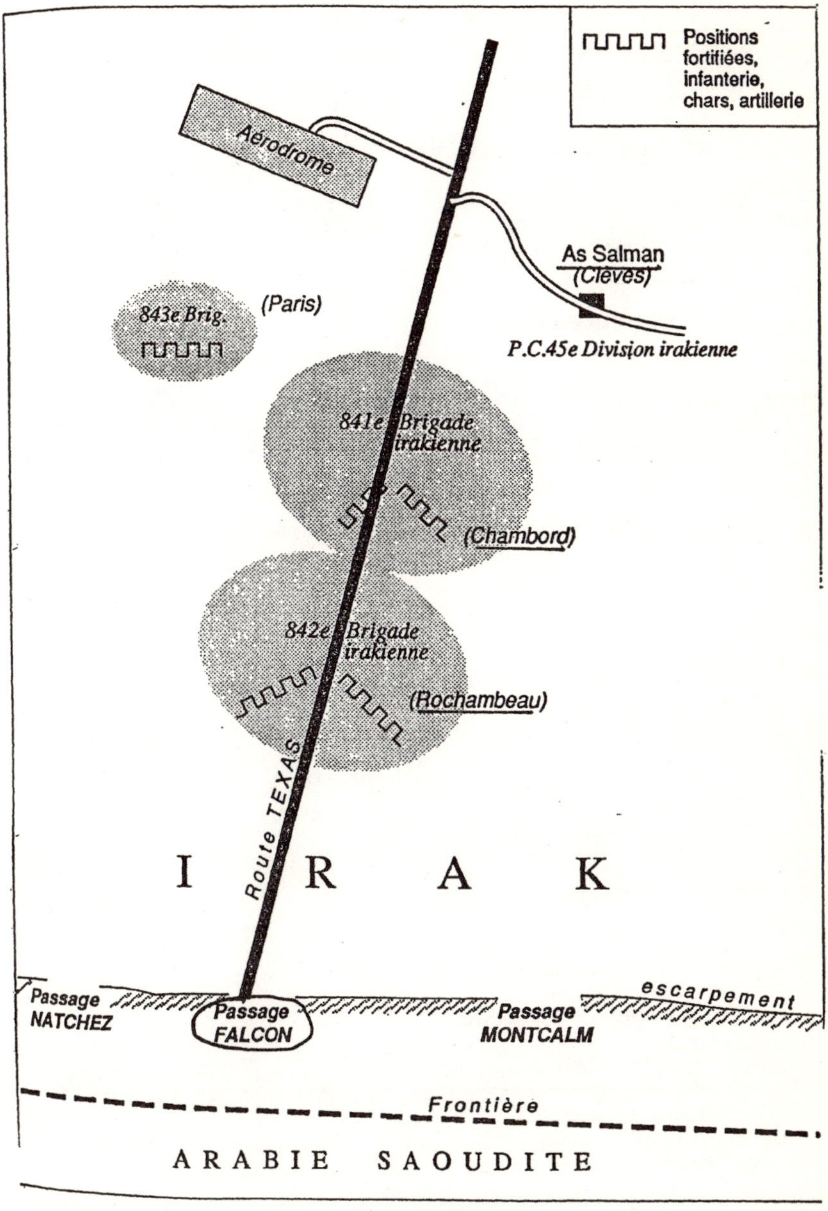

Dispositif irakien au 23-02-1991

ANNEXE 12

SOUTHWESTERN

The University of Texas Southwestern Medical Center at Dallas

Les syndromes de la guerre du Golfe

Les chercheurs de UT Southwestern, après avoir étudié 249 membres d'une unité de réserve de la marine des Etats-Unis, ont déterminé que près d'un quart d'entre eux souffraient de symptômes convergents, indiquant un syndrome possible.

Syndrome 1 - Troubles cognitifs

Symptômes

- Distraction
- Troubles de mémoire
- Dépression
- Insomnie moyenne ou définitive
- Somnolence diurne
- Bredouillage
- Confusion
- Maux de tête migraineux

Risques Port de collier anti-puces; poste de garde; anciens combattants plutôt jeunes.

Syndrome 2* - Confusion-Ataxie

Symptômes

- Confusion et désorientation
- Etourdissement, déséquilibre vertiges
- Troubles de cognition/raisonnementImpuissance sexuelle

Risques Présence lors d'une attaque chimique probable; effets secondaires des pillules de bromure de pyridostigmine (PB); proximité de Khafji le 20 janvier 1991; anciens combattants plutôt âgés.

Syndrome 3 - Arthro-Myo-Neuropathie

Symptômes

- Douleurs musculaire et articulatoires
- Perte de tonus musculaire
- Picotement ou perte de sensation dans les mains et les pieds
- Fatigue musculaire

Risques Emploi de produit anti-insecte distribué par l'armée et contenant 75% de DEET; effets secondaires des pillules de bromure de pyridostigmine (PB); anciens combattants plutôt âgés. .

La diarrhée chronique est un symptôme commun des trois syndromes.
Aucun des 249 anciens combattants ne s'est trouvé à proximité de Khamisiyah pendant toute la guerre.
Des tests psychologiques montrent qu'aucun ne souffre de stress.

ANNEXE 13

DEPARTMENT OF VETERANS AFFAIRS
Medical and Regional Office Center
1601 Kirkwood Highway
Wilmington DE 19805

February 11.1997.

In Reply Refer To:

To: Bill Clinton
President of The United States of America
White House
Washington D.C. .

Dear President Clinton

I am bringing to your attention the conspiracy against the Veterans of The United States.

In The Persian Gulf War some veterans were exposed to radioactive contamination with Depleted Uranium. I personally served in the Operation Desert Shield as a Unit Commander of 531 Army Medical Detachment. After the war I was in charge of Nuclear Medicine Service at Department of Veterans Affairs Medical Center in Wilmington,Delaware. A group of Uranium contaminated US Veterans were referred to my attention as an expert in nuclear contamination. I properly referred them for the diagnostic tests to different Institutions dealing with transuranium elements. All of the records have been lost in this Hospital and in referring Institutions. Only a small part of information was recorded in Presidential Advisory Committee report on Gulf War Illnesses. Recently I received an order by the Chief of Staff of this Institution to start the veterans examinations again since all of the records have been lost.

Today I was informed in writing that my job was terminated as a reduction in force. I have been at this position for over eight years with an outstanding job performance and I am covinced with certainty that my elimination from the job is a direct result of my involvement in the management of Gulf War Veterans and discrimination for raising nuclear safety issues.

The lost records, lost laboratory specimens and retaliations which are well documented point to no less than conspiracy to terminate my efforts of proper management of Gulf War Veterans. I am sure that you will have an interest in this matter for the benefit of the veterans of The United States of America.

Most respectfully

Asaf Durakovic, M.D.,D.V.M.,M.SC.,Ph.D.,F.A.C.P
Professor of Radiology and Nuclear Medicine
Chief, Nuclear Medicine Service,VAMC Wilmington
Colonel, U.S. Army Medical Corps (R)

Tel: 302-633-5316
Fax: 302-633-5490

ANNEXE 14

AGENCE
FRANÇAISE DE SECURITE SANITAIRE DES
PRODUITS DE SANTE
**DIRECTION DE L'EVALUATION
DES MEDICAMENTS
ET DES PRODUITS BIOLOGIQUES**

RÉPUBLIQUE FRANÇAI

Saint-Denis, le 07 NOV. ...

Affaires réglementaires
Dossier suivi par Julie Cavalier
Tél : 01.55.87.32.89

Me Christine Abdelkrim-Delanne
VIVA MAGAZINE - Agence Sud-Ouest
Résidence George-V
44-50, Boulevard George-V
33 077 BORDEAUX Cedex

Madame,

Par télécopie en date du 10 juillet 2000, vous avez souhaité obtenir des informations relatives aux substances actives suivantes :

-pyridostigmine,
-modafinil,
-virgyl,
-ordinator.

A cet égard, je suis en mesure de vous apporter les éléments de réponse ci-après :

La **pyridostigmine** est un pricipe actif entrant dans la composition de médicaments et est utilisée sous forme de bromure. Elle possède les propriétés pharmacologiques suivantes : parasympathomimétique, anticholinestérasique. Elle augmente l'intensité et le rythme des contractions des fibres musculaires lisses (action péristalgène) et elle améliore (au cours de la myasthénie) la force des contractions des muscles striés (action anti-myasthénique) en favorisant la transmission de l'influx nerveux.
Cette substance entre dans la composition d'une seule spécialité pharmaceutique possédant une autorisation de mise sur le marché en France : MESTINON 60 mg, comprimé enrobé. Elle est indiquée dans le traitement de la myasthénie et de l'atonie intestinale.

Le **modafinil** est un médicament éveillant. En fonction de la dose administrée, il restaure et/ou augmente le niveau d'éveil et de vigilance diurne. Deux spécialités pharmaceutiques contenant cette substance active sont autorisées en France : MODAFINIL CLIN MIDY 100 mg, comprimés et MODIODAL 100 mg, comprimés. Elles sont indiquées dans le traitement de la narcolepsie avec ou sans cataplexie et des hypersomnies idiopathiques.

G:\GRP_AR\DR-MSG\COURRIER\GolfeRéponse.wpd

ORDINATOR est une spécialité pharmaceutique autorisée en France et dont la substance active est la **fénozolone**. Elle appartient à la classe pharmacologique des amines sympathomimétiques indirectes psychostimulantes (amphétaminiques) et est indiquée dans le traitement des asthénies psychiques et intellectuelles.

Concernant le **Virgyl**, je ne suis pas en mesure de vous renseigner, l'Agence française de sécurité sanitaire des produits de santé ne disposant d'aucune information relative à ce produit.

En espérant avoir répondu à votre attente, et restant à votre disposition pour toute information complémentaire, je vous prie d'agréer, Madame, l'expression de ma considération distinguée.

Pour le Directeur Général
et par délégation
Par empêchement du Directeur de l'Évaluation
des Médicaments et des Produits Biologiques
L'Adjointe au Directeur Chargée des Affaires Réglementaires
France ROUSSELLE

G:\GRP_AR\DR-MSG\COURRIER\GolfeRéponse.wpd

ANNEXE 15

LFE/RDN/ENR/10.05.91
RÉPUBLIQUE FRANÇAISE

MINISTÈRE DE LA DÉFENSE

ARMEE DE TERRE

Bretteville sur Odon, le

N° EDNBCAT-603°RDNBC/DE

école de défense
nucléaire biologique
et chimique
de l'armée de terre
...égiment de
défense n.b.c.

DIRECTION
DES ETUDES

Quartier Koenig
14760 Bretteville sur Odon
Tel : 31.26.57.45
515

FICHE

OBJET :
[redacted]

L'E.D.N.B.C.A.T. a participé dès le 09 août 1990 aux opérations citées en objet avec un volume significatif de ses cadres : effectifs : 4 - 13 - 61 (dont 60 engagés de la F.A.R. incorporés par l'Ecole dans le cadre de la section mixte de reconnaissance décontamination outre-mer) (1).

[redacted] présente fiche essaie de dégager des enseignements dans les trois domaines :

- de la qualification des personnels,
- de la valeur des matériels (protection, détection, décontamination),
- et enfin de l'emploi des moyens dans le cadre de la manoeuvre DAGUET.

1. QUALIFICATION DES PERSONNELS

11) FORMATION DE BASE

Souvent plus négligée dans les troupes professionnalisées que dans le corps de bataille (trop occupés ailleurs, les cadres font des impasses ; on n'y croit pas), elle a pour conséquence : des M.D.R. et des sous-officiers TTA peu formés, ignorants des connaissances de base et des officiers n'ayant gardé que des souvenirs de sous-lieutenant.

En outre, une trop grande sensibilisation au danger C, bien que la menace reste largement méconnue, aboutit à une sensibilité des personnels à tous les bruits, même les moins fondés.

Cela a nécessité des mises au point de dernière minute, en particulier pendant la traversée maritime (formation par des spécialistes de l'E.D.N.B.C.A.T.).

(1) Le détail des prestations DAGUET, en personnels de l'E.D.N.B.C.A.T. figure en annexe ; celles-ci ont été de deux ordres : des spécialistes envoyés en renfort avec les unités et des stages complémentaires avant le départ dans le Golfe.

BIBLIOGRAPHIE

Le Sang du pétrole-Irak-Essai de Géopolitique, Pierre-Marie Gallois, L'Âge d'Homme, 1996.

Irak, l'apocalypse, Jean-Marie Benjamin, Favre, 1999.

Damoclès n° 61, Lyon 4e trimestre 1994, n° 79 4e trimestre 1998, dossier octobre 2000 www.obsarm.org.

Le Monde diplomatique, avril 1995, Naïma Lefkir-Lafitte et Roland Laffitte, « Armes radioactives contre l'"ennemi irakien" ».

Le Canard Enchaîné, 8 novembre 1995, Brigitte Rossigneux, « Quand l'armée dopait ses soldats pour gagner la guerre du Golfe ».

L'Humanité, avril 1999, Christine Abdelkrim-Delanne, « L'Horreur cachée de la guerre du Golfe ».

Le Monde diplomatique, juin 1999, Christine Abdelkrim-Delanne, « Ces armes si peu conventionnelles ».

Sud-Ouest, 2 mars 1999, Christine Abdelkrim-Delanne, « Nouvelles armes anti-chars, attention danger ».

Viva, mai 2000, Christine Abdelkrim-Delanne, « De quoi souffre le caporal Desplat ? ».

Viva, juillet-août 2000, Christine Abdelkrim-Delanne, « Syndrome de la guerre du Golfe, de nouvelles révélations ».

Mourir sous les drapeaux, accidents de l'armée, Ligue des droits de l'homme/ docteur Paul Martin, éd. Syllepse, 1993.

Les Troupes de Marine et le Golfe, éd. Héraclès, 1991.

Terre Information (1991).

Terre Magazine (1991).

Presidential Advisory Commitee on Gulf War Veterans'Illness-Final Report www.gwvi.gov

Don't Look, Don't Find - Gulf War Veterans, the U.S. Government and Depleted Uranium 1990-2000, The Military Toxics Project www.miltoxproj.org, www. globaldialog.com, www.ngwrc.org, www.rama-usa.org, www.antenna.nl/wise/uranium/

Metal of Dishonor... Depleted Uranium, How the Pentagon Radiates Soldiers and Civilians with DU weapons, Selections compiled and edited by John Catalinotto and Sara Flounders, Depleted Uranium Education Project, International Action Center, New York, 1997,1999. www.iacenter.org

Depleted Uranium Weapons, The Agent Orange of the 90's- Campaign Against Depleted Uranium (CADU), gmdcnd@gn.apc.org

TB 9-1300-278 Department of the Army Technical Bulletin « Guidelines for safe response to handling, storage, and transportation accidents involving army tank munitions or armor which contain depleted uranium » – headquarters, Department of the Army, Washington, DC, 28 sept.1990

Depleted Uranium TAPAmmunition. Peter Roche, Greenpeace Disarmament Campaign, sept 1993

Medical Effects of Internal Contamination with Uranium, Asaf Durakovic, Department of Nuclear Medicine, Georgetown University School of Medicine, Washington DC, 1999

Contamination of Persian Gulf War Veterans and Others by Depleted Uranium, Leonard A.Dietz, 19 juil. 1996

Collateral Damage : How U.S. Troops were exposed to depleted uranium during the persian gulf war, Dan Fahey, Swords to Plowshares, 20 sept. 1996

Using Nuclear Bullets, Village Voice, James Ridgeway, 15 janv., 1991

Gulf War Debris « is radioactive », Paul Brown, The Guardian, 18 sept. 1991

Radiological and Chemical hazards of Depleted Uranium, Defense Radiological Protection Service, Report 13/93

Desert Storm Syndrome, Sick Soldiers and Dead Children, Met Report, The Medical Educational Trust, n° 14 ; Nov 1993

Strinking Deep, hardened-target attack options grow, Clifford Beal and Bill Sweetman, International Defense Review, 7/1994

Nuclear Bullets – Conventional Weapons ?, The Edge Gallery, 8 sept. 1995

The Pengagon's Radioactive Bullet, Bill Messler, The Nation, 10 Fev. 1996

The Gulf War's New Casualties, Tales of sickness from the Pentagon's own weaponry, made of depleted uranium, Bill Mesler, The Nation, 1997

A.E.A.,1991, *Kuwait-Depleted Uranium,* UK Atomic Energy Authority, April 30,1991

AEPI, 1995, Health and Environmental Consequences of Depleted Uranium use in the U.S. Army Environmental Policy Institute, June 1995

AR40-5 – Army Regulation 40-5, Preventive Medicine. Department of the Army, October 15 1990

Centcom, 1991, 11 Acr Fire in Doha: updates from Centcom Forward», U.S. Central Command Log. July 12, 1991.

DOE, 1999 – Statement of US Secretary of Energy Bill Richardson on the Paducah Gaseous Diffusion Plant – the Department of Energy, August 8, 1999. www.eh.doe.gov PL 102-4 – Public Law 102.4 The Agent Orange Act of 1991. February 6, 1991

Depleted Uranium – A Postwar Disaster For Environment and Health, Laka Foundation, may 1999, laka@laka.antenna.nl

The Potential effects on Human health and the environment arising from possible use of depleted uranium during the 1999 Kosovo conflict, october, UNEP/UNCHS Balkans Task Force (BTF), ONU, octobre 1999.

Gunther S-H: The Gulf War Syndrome, a parallel to Tchernobyl: Documentation of Aftermath's of the Gulf War. Presented at Roundtable Conference Opinion on Depleted Uranium and Cancers in Iraq, july 1999.

UK Ministry of Defense: testing for the presence of depleted uranium in U.K. Veterans of the Gulf War Conflict: the current situation, www.mod.uk/policy/gulfwar/info/dutesting

Gulf War Syndrome: The Case for Multiple Origin Mixed Chemical, Staff Report to U.S. Senator Donald W. Riegle, Jr, 1993

Department of Defense Information about the Anthrax Vaccine, 23 june 2000 www.anthrax.osd.mil

BBC News, Pesticides September 16, 1999

BBC News Vaccines linked to Gulf War Syndrome, May 18, 2000

Potentiation and Agent Toxicity in Animals (sheep), James J. Tuite, III, 1972

Testimony of James J. Tuite, III to the Presidential Advisory Committee on Gulf War Veterans' Illnesses, Salt Lake City, Utah, march 18, 1997, www.chronicillnet.org

Antibodies to Squalene in Gulf War Syndrome, Pamela Asa, Yan Cao, Robert F. Garry, September 23, 1999

TABLE

DANS LA COLLECTION «DOCUMENTS»
au cherche midi éditeur

GEOFFROY D'AUMALE
JEAN-PIERRE FAURE
Guide de l'espionnage et du contre-espionnage
Histoire et techniques

ANDRÉ BENDJEBBAR
Histoire secrète de la bombe atomique française

GWENN-AËL BOLLORÉ
J'ai débarqué le 6 juin 1944

ISABELLE BRICARD,
Dictionnaire de la mort des grands hommes

MICHEL BÜHRER
Rwanda, mémoire d'un génocide
textes et photographies

JÉRÔME CAMILLY
6 juin 1944, le débarquement

CLAUDE DUBOIS
Histoire d'une contamination

JEAN-PIERRE GUICHARD
De Gaulle face aux crises

FRANÇOISE et CLAUDE HERVÉ
Le Tour du monde à vélo

CARINE HUTSEBAUT
Profession profileuse
Sur la piste des criminels sexuels

ALAIN LAVILLE
Un crime politique en Corse
Claude Érignac, le préfet assassiné

LUIGI LUCHENI
Mémoires de l'assassin de Sissi
édition établie et présentée par Santo Cappon

FAWZI MELLAH
Clandestin en Méditerranée

MARTIN MONESTIER
Peines de mort
Histoire et techniques des exécutions capitales, des origines à nos jours

Suicides
Histoire, techniques et bizarreries de la mort volontaire, des origines à nos jours

Les Animaux soldats
Histoire militaire des animaux, des origines à nos jours

Histoire et bizarreries sociales des excréments, des origines à nos jours

Les Mouches : le pire ennemi de l'homme

Cannibales, histoire et bizarreries de l'anthropologie, hier et aujourd'hui

THÉODORE MONOD
Le Chercheur d'absolu

KEIJI NAKAZAWA
J'avais six ans à Hiroshima
le 6 août 1945, 8 h 15

GILLES PLAZY
Gustave Courbet,
un peintre en liberté

MAURICE RAJSFUS
Drancy, un camp de concentration
très ordinaire, 1941-1944

La Police de Vichy, les forces
de l'ordre françaises au service de la Gestapo,
1940-1944

L'Humour des Français
sous l'Occupation
en collaboration avec
Ingrid Naour

La Police hors la loi. Des milliers de bavures
sans ordonnances, depuis 1968

Les Français de la débâcle,
juin-septembre 1940, un si bel été

Mai 68. Sous les pavés,
la répression,
mai 1968-mars 1974

La Censure militaire et policière
1914-1918

Chroniques d'une débâcle
annoncée, juin 1919-juin 1940

JACQUES ROSSI
Manuel du Goulag

Qu'elle était belle cette utopie !

CATHERINE DE SILGUY
Histoire des hommes
et de leurs ordures,
du Moyen Âge à nos jours,
préface d'Éric Guillon

CHRISTEL TRINQUIER
Femmes en prison

VÉRONIQUE VASSEUR
Médecin-chef
à la prison de la Santé

ÉRIC YUNG
La Tentation de l'ombre

DANIEL ZIMMERMANN
Jules Vallès, l'Irrégulier

Cet ouvrage a été achevé d'imprimer sur Roto-Page par
l'Imprimerie Floch (Mayenne) en décembre 2000.
Dépôt légal : janvier 2001.
N° d'édition : 827 – N° d'impression : 50343.
ISBN 2-86274-827-7.
Imprimé en France.